西安交通大学人文社会科学学术著作出版基金和中央高校基本科研业务费专项资金资助
Supported by "the Fundamental Research Funds for the Central Universities"

学术文库系列

医养结合服务合作网络形成及其对协同治理绩效的影响研究

南 妍 著

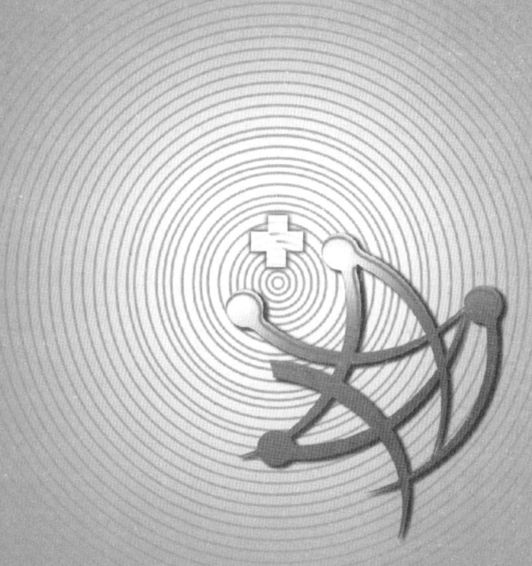

图书在版编目(CIP)数据

医养结合服务合作网络形成及其对协同治理绩效的影响研究 / 南妍著. —西安 ：西安交通大学出版社，2023.12

ISBN 978-7-5605-6406-7

Ⅰ.①医… Ⅱ.①南… Ⅲ.①养老—社会服务—研究—中国 Ⅳ.①D669.6

中国国家版本馆 CIP 数据核字(2023)第 224378 号

书　　名 医养结合服务合作网络形成及其对协同治理绩效的影响研究
YIYANG JIEHE FUWU HEZUO WANGLUO XINGCHENG JIQI DUI XIETONG ZHILI JIXIAO DE YINGXIANG YANJIU
著　　者 南　妍
责任编辑 李逢国
责任校对 郭　剑
装帧设计 伍　胜

出版发行 西安交通大学出版社
（西安市兴庆南路 1 号　邮政编码 710048）
网　　址 http://www.xjtupress.com
电　　话 (029)82668357　82667874(市场营销中心)
(029)82668315(总编办)
传　　真 (029)82668280
印　　刷 陕西思维印务有限公司

开　　本 720mm×1000mm　1/16　**印张** 13.125　**字数** 214 千字
版次印次 2023 年 12 月第 1 版　2024 年 5 月第 1 次印刷
书　　号 ISBN 978-7-5605-6406-7
定　　价 89.00 元

如发现印装质量问题，请与本社市场营销中心联系。
订购热线：(029)82665248　(029)82667874
投稿热线：(029)82664840
读者信箱：xj_rwjg@126.com

前言

Foreword

随着我国人口老龄化和高龄化程度加深，持续增多的患病老年人、失能与失智老年人对初级保健、护理与诊疗等服务的需求日益凸显，仅提供基本生活照料的传统养老模式已难以回应当前老龄社会养老与医疗的双重需求，迫切需要广泛深入开展医养结合服务。多元主体协同参与服务设计、服务供给与服务质量管理，可同时解决养老机构"有养无医"的困境。医疗机构资源浪费与部分医养结合机构资金、人才、医疗卫生资源不足等问题，是促进养老资源与医疗资源深度融合、增加服务供给总量的有效路径。当前合作网络存在的主体参与动力不足、合作网络联系不紧密、资源共享机制不健全、服务绩效低等问题，直接影响了协同治理目标实现与老年人高质量医疗照护服务的需求满足程度。解答如何促进医养结合服务合作、推进医养结合服务协同治理与提升其协同治理绩效，成为落实政府民生职责、激发市场与社会活力、缓解老年人日益增长的医养结合服务需求与服务发展不充分之间矛盾、实现我国健康老龄化战略目标的关键突破口。

协同治理概念源于西方国家公共政策发展和公共事务治理的实践，产生于单个政府部门在环境污染治理、公共危机治理与基本公共服务供给等问题上低效或失效的困境，标志着官僚制范式向后官僚制范式转变，传统治理模式向现代化治理模式的转型，已成为当前各国公共事务治理的一种重要实践形式。本书聚焦医养结合服务协同治理，根据协同治理内涵的典型解析，结合医养结合服务的属性，将医养结合服务协同治理定义为：医养结合服务核心机构与协同伙伴基于资源依赖与目标共识形成合作网络，通过资源共享、互动、优势互补、联合决策与行动发挥合作网络作用，协同设计、供给与管理医养结合服务，以实现治理目标的过程。医养结合服务协同治理绩效是医养结合核心组织与协同伙伴基于共同利益，通过资源共享和优势互补，参与医养结合服务设计、供给与管理所产生的综合业绩和效果，是单一组织无法通过独立运营而获得的绩效，而非参与协同治理的各主体共同取得的绩效，强调对基于协同治理基础所产生的医养结合服务治理效果的测量，包括共同目标的实现程度与通过协同关系产生的附加绩效。本书在积极应对人口老龄化政策与健康中国战略背景下，针对医养结合服务供给不足与医养结合服务质量不高等问题，探索调动多元主体积极性，促进其合作的逻辑与路径，进而提升医养结合服务协同治理绩效，推动其实践发展。具体写作目标包括：基于管理学、社会学与组织行为学等学科理论，构建医养结合服务合作网络形成及其对协同治理绩效影响的理论分析框架；通过定性与定量相结合的方法，识别影响医养结合服务合作网络形成的关键因素与条件组态；通过量表设计、抽样、实地调研与数据分析描述我国医养结合服务协同治理绩效的现实状况，揭示其整体特征；实证检验、分析医养结合服务网络结构、网络机制与关系质量对其协同治理直接绩效、间接绩效的影响机制，为提升绩效水平提供数据支持与参考建议；基于理论与实证分析结果，从合作网络形成与合作网络效应发挥两个阶段设计促进医养结合服务协同治理的对策建议体系。

本书包括八章内容。第一章是绪论，主要基于医养结合服务发展的现实背景与政策背景，提出本书的现实问题，明晰科学问题，梳理相关概念的内涵及其外延，明确研究目标，设计研究框架与介绍章节安排。第二章是理论基础与研究综述，阐述医养结合服务合作网络形成与其协同治理相关的理论基础，梳理医养结合服务发展与其协同治理、合作网络影响协同治理绩效的研究进展，并做出简要述评。第三章是理论分析框架与研究设计，围绕提升医养结合服务协同治理绩效的命题，结合我国现实情景，修正协同治理模型，构建医养结合服务合作网络形成及其对协同治理绩效影响的理论分析框架，并依据框架，设计本书的实证分析思路、调研方案与研究方法。第四章是医养结合服务合作网络形成研究，运用扎根理论方法建构医养结合服务合作网络形成条件分析框架；采用定性比较分析方法探索、分析医养结合服务合作网络形成条件及其组态。第五章是测度医养结合服务协同治理绩效水平。运用扎根理论方法构建医养结合服务协同治理直接绩效、间接绩效的维度；设计医养结合服务协同治理直接绩效、间接绩效的量表，并对量表的信度、效度与适用性进行检验；设计调研方案，运用描述性统计方法测度调研地区医养结合服务协同治理绩效水平。第六章是医养结合服务合作网络对其协同治理绩效的影响研究，运用结构方程模型方法探索、分析医养结合服务合作网络结构、治理机制与关系质量对协同治理绩效的影响路径与机理；对关系质量的中介作用进行检验；进一步考察、分析契约治理机制、关系治理机制对协同治理直接绩效、间接绩效的差异化影响机制。第七章是医养结合服务协同治理绩效提升对策建议，基于理论分析与实证结果，针对医养结合服务协同治理绩效不高、合作网络难以构建与合作网络效应尚未充分发挥的现实困境，从构建多元主体协同治理格局、促进合作网络形成、协同治理绩效评估与促进合作网络作用发挥多维度视角提出对策建议。第八章是结论与展望，梳理全文，总结基本结论，指明创新点，并对医养结合服务协同治理的研究空间与下一步研究计划进行讨论。

著　者

2023 年 10 月

目录
Contents

第一章

绪 论

本章基于医养结合服务发展的现实背景与政策背景，提出本研究的现实问题，明晰科学问题，梳理相关概念的内涵及其外延，明确研究目标，设计研究框架，介绍章节安排。

第一节 研究背景与问题提出

一、研究背景

（一）现实背景

1. 人口老龄化程度持续加深，老年人医养结合服务需求增加

截至 2018 年底，我国 60 岁及以上的老年人数量为 2.49 亿，占比 17.9%。65 岁及以上的老年人数量为 1.66 亿，占比 11.9%[1]。其中患有慢性病的老年人数量为 1.5 亿，占老年人总数的 65%，失能、半失能老年人数量为 4400 万[2]。2020 年底，我国 60 岁以上的老年人口达 2.6 亿，今后 5 年 60 岁及以上老年人将以每年约 1000 万人的速度增长，高龄和失能、失智老人数量不断增多[3]。联合国《世界人口展望 2019》预测数据显示（见表1-1），2035—2050 年，我国低龄老年人占比 43.00%，中龄老年人占比 33.25%，高龄老人占比23.75%。预测到 2050 年，老年人口的总体规模约为 4.8 亿人，80 岁以上的老年人总量将突破 1 亿人[4]。因此，随着老龄化和高龄化程度加深，越来越多的高龄老年人、患病老年人与失能老年人对初级保健、诊疗、护理与治疗等医疗服务的需求也日益凸显。仅提供基本生活照料的传统养老模式已难以回应当前我国老龄社会养老与医疗的双重需求，迫切需要发展医养结合服务模式，

促进老年医疗健康服务供给。

表 1-1 中国分年龄段老人占比变化情况(2020—2050 年)(%)

年份	60—69 岁	70—79 岁	80—89 岁
2020 年	60.72	28.62	10.66
2025 年	55.81	33.68	10.51
2030 年	56.53	32.12	11.35
2035 年	53.57	31.96	14.47
2040 年	45.16	38.25	16.59
2045 年	39.73	40.28	19.99
2050 年	43.00	33.25	23.75

2. 传统养老服务体系医疗照护资源不足诱发医养结合服务供给困境

我国社区居家养老医疗服务主要由政府投资的社区卫生服务中心、卫生服务站等基层医疗机构承担[5],但这些机构的卫生技术人员以初级及以下职称为主,所占比例分别仅为 65.8%、99.2%,整体专业技能水平较低,对服务区域老年人的医疗支持不足。大多数老年人在患病时,本人及其家属通常选择去大医院检查与治疗[6]。养老机构医养分离、有养无医,医疗护理服务能力不足。目前我国养老机构医疗设备不足、药品种类有限,职业医师及专业护工的配备数量少、质量低,无法满足老年人疾病诊治、慢性病管理与失能照护等需求[7]。因此,由于医疗照护资源供给不足,当前我国社区居家养老、机构养老服务尚不能满足老年人健康养老的需求。

3. 养老资源与医疗资源割裂加剧了医养结合服务供给压力

我国多数养老机构与医疗机构不能同时满足老年人医养需求,表现在医疗照护服务缺乏与医疗资源浪费并存。我国大多数养老机构"重养轻医",以提供基本生活照料服务为主,多数机构既没有内设医务室,也没有同医疗机构合作,难以提供专业的医疗照护服务[8]。部分养老机构由于医疗能力有限而拒收失能、失智老年人,造成床位闲置、资源浪费[9]。此外,目前我国老年专科医疗体系建设不健全,多数医疗机构以疾病分科为主,设立老年病科的医院极少[10]。省、市级以下县级医院、乡镇医院与社区卫生服务中心等基层医疗机构存在服务资源未充分利用现象，具体体现为医疗设备闲置率高与空床率较高等[11]。同时，养老机构与医疗机构通常相互独立、各成体系，多数患病老年人必须往返于养老机构与医院之间，造成大量人力、物力浪费。加之，养老服务与医疗服务分属民政部门、医保部门与卫生部门等，“多头管理”与政策“碎片化”阻碍了养老服务与医疗服务的融合与衔接[12]，加剧了养老资源与医疗资源的割裂。

4. 单一主体尚无能力独立解决医养结合服务供需问题，需多元主体协同治理

由于单个主体拥有的资源有限，仅仅依靠政府、养老机构或医疗机构自身资源实现医养结合服务的充分、高效供给面临障碍，具体表现为以下方面。第一，当前我国医养结合服务运转资金主要源自财政拨款，给养老机构或医疗机构发展提供了一定程度的政策支持，但补贴力度较小，不足以维持机构经营运转。由于政府财政能力有限，仅仅依靠政府财政支持，医养结合服务需求将无法得到有效满足，政府财政负担也会增加[13]。第二，养老机构内设医疗机构医疗软硬件设施不足、医生诊断与治疗能力小。这类机构难以吸纳有经验的、高学历的临床医生，在老年人康复护理、疾病预防与慢性病治疗等方面的医疗服务专业水平普遍较低[14]。第三，为老年人提供医疗照护服务利润小而风险高，医疗机构开设养老机构不仅不会显著提高收益，还会增加行政管理负担，设立养老床位的总投入远远高于收益，因此医疗机构内设养老机构的积极性不高；同时，受制于转型启动资金不足、专业养老服务人才缺乏等条件，适于提供医养结合服务的县镇医院与职工医院转型升级较难[15]。

针对上述医养结合服务单一主体治理“瓶颈”，资源整合机制是关键，应以统筹协作为前提，整合基本养老服务、基本卫生服务、基本医疗保险与商业保险等多种资源，协同治理医养结合服务[16]。多元主体协同参与服务设计、服务供给与服务质量管理，不仅能解决养老机构“有养无医”与医疗机构资源浪费问题，还能解决部分医养结合机构资金、人才与医疗卫生资源不足等问题，推动医养结合政策实施与实践发展。具体措施包括：吸纳民间社会资本参与供给，多渠道筹集医养结合资金，分担政府压力；鼓励医疗机构通过“医疗服务整体外包”和“承接购买服务”的方式与养老机构合作，向其提供医疗服务[17]；在政府政策规划、机制设计、资金引入和监督评估下，细分医养结合服务，在一定范围内让渡生产与经营权，提升参与主

体的积极性与能动性,实现政府引导、社会力量参与的协同供给目标[18]。上述协同治理措施通过聚合养老机构、医疗机构与社会组织等主体的资金、服务、关系等资源,破除资源分割壁垒、实现资源共享,最终提高医养结合覆盖率与医养结合服务质量,精准、高效地满足老年人医养结合服务需求。

5. 医养结合服务协同治理合作网络难以构建,合作网络效应未充分发挥

采取协同治理的医养结合服务模式,通过医院开通老年人就诊就医绿色通道、医生定期巡诊与坐诊、提供专业化的医疗咨询服务等,与养老机构提供的日常照料、日常健康管理服务衔接、融合。这种模式已初步建立基本养老服务、基本医疗照护服务互联互通、统筹推进的条件和基础,并取得了进展,但仍然有多个问题亟待解决,其中包括以下方面。

(1)协同治理合作网络形成难度大。协同治理策略应以资源整合配置为出发点,需政府部门、养老机构、医疗机构与社会组织等主体具备合作意向,达成合作协议,进而依据老年人的健康需求整合多种资源。但在当前医养结合实践探索期,养老机构与医疗机构构建服务合作网络的意向均较低,导致合作网络形成难度大。具体原因有以下方面:养老机构若要具备医养结合功能,就要增加检测、康复与治疗等仪器设备以支持医疗护理服务,其运营成本也会相应提高,必然要求入院老年人及其家属支付更高的服务费用。部分家庭因收入有限会继续选择传统养老机构,反而导致转型后的机构有效需求减少,其直接后果表现为床位闲置,难以持续运营。因此,当前部分养老机构对合作持观望态度[19]。此外,一部分养老机构医务室医疗水平偏低,不具备首诊资格和医疗机构许可,无能力与医疗机构对接、合作。对于医疗机构,不同级别机构医疗资源分化严重。大型医疗机构的医疗业务繁忙且经济效益好,医院床位压力大,其拓展养老服务的动力不足;基层医院由于医生、护士人数相对较少,经济效益低,医养资源不足,难以找到合适的合作伙伴[20]。加之,由于养老机构与医疗机构隶属于不同管理部门,存在政府管理者缺位现象,合作网络形成缺少推动者与协调者[21]。

(2)已形成的合作网络存在联系不紧密、资源共享机制不健全与服务绩效低等问题,难以满足老年人高质量医疗照护服务的需求。具体表现为以下方面:部分医养签约合作一“医”对多“养”,签约流于形式,且签约的服务项目数量少、内容单一,服务对接不及时、不充分,参与主体关系松散[22]。部分社区嵌入式养老机构、

日间照料中心与附近基层医疗机构合作，但由于诊疗设备不完善、医护服务能力不足，对满足老年人多元化健康服务需求的作用有限；规模较大的养老机构与附近大型医院合作，由于缺少资源共享的有效监管，所提供的服务内容、服务标准和服务要求等不详细，存在康复保健功能不强、老年人突发疾病时不能及时得到救助的问题[23]。部分医养结合服务合作受限于整合技术手段不足，智慧养老平台流于形象工程，信息平台不统一，智能化水平相对落后，老年人的需求与社区医养资源未能有效衔接与匹配，服务内容和方式并不符合老年人的实际需要，导致服务绩效大大降低[24]。

综上所述，我国医养结合服务供需矛盾突出，迫切需要打破养老资源与医疗资源割裂的状态，促进养老服务与医疗服务的融合与衔接，增加服务供给。积极推进养老机构、医疗机构、社会组织等多元主体建立合作关系、实现协同治理，可优化配置养老资源与医疗资源，缓解医养结合服务供给压力。然而，当前养老机构与医疗机构合作意向较低，导致合作网络形成难度较大；已形成的合作网络联系不紧密、资源共享机制不健全与服务绩效低，尚不能有效满足老年人健康养老的需求。必须从合作网络形成与合作网络作用发挥视角解决上述问题，促进医养结合服务协同治理，以满足老年人医养结合服务需求。

（二）政策背景

老有所养与老有所医是老年人共享改革发展成果的重要体现，为老年人提供及时、便利、精准的医养结合服务，是满足我国老年人多层次、多样化的健康养老需求，积极应对人口老龄化的重要战略选择。2013 年，《关于加快发展养老服务业的若干意见》（国发〔2013〕35 号）首次提出促进医养融合、发展养老产业。之后，医养结合作为我国积极应对人口老龄化的重大举措，已被纳入《健康中国 2030 规划纲要》《国家积极应对人口老龄化中长期规划》等重要规划，并被写入《基本医疗卫生与健康促进法》。政策实施以来，我国老年健康服务体系加快完善，老年人健康状况持续改善。2019 年，《关于深入推进医养结合发展的若干意见》（国卫老龄发〔2019〕60 号）与《国务院关于实施健康中国行动的意见》（国发〔2019〕13 号）再次强调实施老年健康促进行动，深入实施健康中国战略，推动老年健康服务体系建设，增加医养结合服务供给，实现健康老龄化。

同时，为解决医养结合服务供需矛盾，加快推进养老服务与医疗卫生相结合，政策强调应统筹各方资源，充分调动社会力量的积极性和创造性，激发各类服务主体潜力和活力，推动形成互利共赢的发展格局，提高医养结合服务水平和效率。2020 年，《国务院办公厅关于促进养老托育服务健康发展的意见》（国办发〔2020〕52 号）进一步提出“扩大多方参与、多种方式的服务供给，深化医养有机结合”，以解决服务供需矛盾，强调积极发挥多方合力，有效结合社区卫生服务机构、乡镇卫生院等基层医疗资源，开展社区医养结合能力提升行动；2021 年，《中共中央 国务院关于加强新时代老龄工作的意见》再次提出深入推进医养结合，明确提出促进卫生健康部门与民政部门建立医养结合工作沟通协调机制、鼓励医疗卫生机构与养老机构开展协议合作，进一步整合优化基层医疗卫生和养老资源，提供医疗救治、康复护理、生活照料等服务。

综上所述，积极开展医养结合服务，探索医养结合典型模式，切实满足老年人生活照料与医疗需求，是新时代我国老龄工作的重点任务。同时鼓励养老机构、医疗机构与社会组织等多元主体协同治理医养结合服务，这是创新和完善政策举措、推动医养结合实践落地见效的重要措施。

二、问题提出

在老龄化程度、高龄化程度持续加深，家庭养老功能不断弱化，社会养老服务体系尚不健全的背景下，医养结合是我国积极应对人口老龄化、实现健康老龄化的重要政策导向与重要实践。协同治理理论关注充分调动社会力量、社区以及民众等多元主体参与的积极性，实现公共服务增质提效，与强调政府、家庭（个人）、社会、市场的职责定位，形成政府积极主导、多元主体参与医养结合服务治理格局的政策导向相一致。医养结合服务协同治理是缓解医养结合服务供需矛盾，实施积极应对人口老龄化国家战略，加强老龄社会治理的创新性措施。因此，强化医养结合服务协同治理，加强向养老机构、医疗机构以及社会组织等主体赋能，实现主体间资源的开放、互动与共享，是促进医疗资源与养老资源深度融合、提升医养结合服务质量的有效路径。面对当前医养结合服务尚未实现协同治理目标、未满足老年人高质量医疗照护服务的现实问题，解答如何推进协同治理、提升协同治理绩效的问题，成为缓解老年人日益增长的医养结合服务需求与服务发展不充分之间的矛盾，落实政府民生职责、激发市场活力、引入社会力量解决养老问题、回应养老需求的关键突破口。

综上，本书关注“如何提升医养结合服务协同治理绩效”这一核心现实问题。提升医养结合服务协同治理绩效主要体现在提高老年人生活质量与身体健康水平，保障老年人“老有所养”和“病有所医”，促进老年人福祉的实现。而现实中由于医养结合服务合作网络形成难度大，形成后合作网络对满足老年人养老服务、医疗服务实际需求的作用有限。因此，要实现医养结合服务协同治理绩效，不仅需要扫除主体间合作障碍，明确合作条件，促进合作网络形成，还需要促进形成后的合作网络发挥最大效应。基于此，上述核心问题被转化为两个子问题：在协同治理关系形成前，如何促进医养结合服务多元主体的合作？即促进合作网络的形成。在协同治理关系形成后，合作网络特征如何促进协同治理绩效的实现？围绕上述两个现实问题，本书基于社会调研数据，采用定性与定量相结合的分析方法解答以下三个科学问题：医养结合服务合作网络的形成机理是什么？如何测度医养结合服务协同治理绩效？合作网络如何影响医养结合服务协同治理绩效？

第二节 概念界定

一、医养结合服务

医养结合是我国特有的名词，2005 年，“医养结合、持续照料”理念[25]首次出现，这一理念与西方整合照料理念具有一致性。整合照料是指基于服务需求，供给者将政府提供的照料服务与社会照料等不同层次服务相联合，为老年人、失能失智者与患病者提供的持续的、可及的、有效的照料。它实际上起源于以美国为代表的欧美发达国家针对老年公共服务中健康照料和社会照料割裂造成的高昂医疗成本与低质量护理问题而进行资源整合的实践[26]。随着我国老龄化的加剧，2013 年 8 月 16 日，国务院首次提出“推动医养融合发展，探索医疗机构与养老机构合作新模式”的发展思路；2014 年《关于组织开展面向养老机构的远程医疗政策试点工作的通知》规定将北京市、湖北省、云南省列为发展医养结合的试点省份。之后，2015 年至今，我国多项配套政策出台以对医养结合进行全面部署。

基于世界卫生组织提出的“健康老龄化”价值取向，医养结合服务以“公平、正义、共享”为目标，秉承“老有所养”“老有所乐”“老有所医”的服务价值，倡导从老年人生理与心理特点出发，结合不同层级医疗机构的预防、诊疗与康复服务特征，加强老年人疾病预防与健康促进工作，保障老年人生存质量，使老年人共享社会经济发展成果。通过良好的制度设计与有效的供给策略，医养结合服务可有效解决医疗和养老资源割裂的困境[27]，不仅可以满足老年人对医疗保健与慢性病护理等多方面的需求[28]、改进老年群体健康福利，还可以减轻老龄化对医疗护理服务和养老服务体系带来的人力、财力与物力压力，节约医疗资源，降低医保负担[29]，缓解政府财政压力，减轻家庭养老负担[30]。

医养结合服务具有主体多元性、服务对象包容性与服务内容整合性的特征。开展医养结合服务的主体既包括设有老年病科的医疗机构，医疗机构分设、下属的养老服务单位，也包括养老院、福利院等机构与社区卫生服务中心等[17]，家庭与政府也被纳入其中[31]。同时，多元主体协同是推进医养结合实践的具体途径，而责任划分、资源交换与利益共享等合作机制是其目标实现的关键[32]。医养结合服务面向全体老年人，依据老年人的身体状况与疾病的发生以及发展的特点，对老年人实施不同侧重内容的“医”和“养”服务[33]。医养结合服务内容丰富、层次多维，将养老资源与医疗资源相结合，集生活照料、精神慰藉、文化娱乐等养老服务内容与具备一定专业水平的健康检查、医疗保健、疾病诊治、医学护理、医疗康复等医疗服务内容于一体[34]。医养结合服务实践可归纳为三种基本模式：①整合照料型。这种模式由养老机构增设自身护理设施或医疗机构提供医养服务；由医疗机构增设养老设施或开办养老机构提供医养服务。②联合运行型。这种模式由养老机构与医疗机构签订合作协议，实行“双向转诊”“医养合一”的模式。③支撑辐射型。这种模式以社区卫生服务中心或其他驻点医疗机构为原点，向外辐射本社区或邻近社区，为需要基本诊断、治疗与护理的老年人提供“上门”服务[35]。

综上，本书认为医养结合服务是政府、养老机构、医疗机构与社会组织等多方主体发挥各自功能，整合养老与医疗资源，为老年人提供的集生活照料、精神慰藉、文化娱乐等养老服务内容与具备一定专业水平的健康检查、医疗保健、疾病诊治、医学护理、医疗康复等医疗服务内容于一体的综合服务。

二、合作网络

合作网络是一种以契约为结合基础的动态联结体，其核心是组织与任何其他组织产生的联结关系，主要用于描述公共组织、非营利与营利组织之间的正式或非正式关系[36]。当单个主体无法有效解决公共问题时，政府、市场、家庭与个人等多元主体需开展合作，构建合作网络。同时基于主体多元、服务高效、协作与民主的特征，合作网络依靠共同目标、合作协议、关系治理与利益共享等机制，激发参与主体的积极性与能动性，通过资源互补与重配生产，提供与递送公共服务[37]，实现公共问题协同解决，促进公共服务增质提效与服务对象满意度提升[38]。

具体到医养结合服务实践中，具体而言，参与主体以单向或多向的形式与其他主体建立联系。合作网络是指政府、养老机构、医疗机构与其他主体基于合作协议建立的动态联结体。医养结合服务合作网络形成以合作协议签订为标志，形成后的合作网络会呈现出多元主体之间的联结形态、协调模式与合作关系，对应合作网络结构、网络治理机制与关系质量三个网络特征，且不同合作网络特征存在差异，体现医养结合服务合作发展不同阶段的差异。主体间联系频率与主体稳定性呈现出网络结构特征[39]。治理机制是指医养结合服务主体合作过程中的一系列正式的制度安排或共同规范，网络可通过设计一系列治理体系管控合作风险并减少负面行为的可能性[40]；关系质量是多元主体对合作关系的认知和评价，包括信任、承诺、沟通等核心维度[41]。此外，合作网络发起与形成是医养结合服务协同治理过程的重要环节。政府部门、养老机构与医疗机构等主体基于资源依赖关系与目标共识，聚集结合，针对医疗资源与养老资源的融合进行合作，构建合作网络，在网络中互动交流，有序共享资源，优化资源配置，形成良好关系质量，进而提升协同治理绩效。因此，本书以医养结合服务机构（服务的实体载体）为样本收集数据，数据体现了该机构所在合作网络的机构、治理机制与关系质量特征。合作网络由政府部门、医疗机构与社会组织等多元主体构成，调研数据亦可体现上述主体的参与情况。

三、协同治理

协同治理（collaborative governance）概念源于西方国家公共政策发展和公共事务治理的实践，产生于单个政府部门在环境污染治理、公共危机治理与基本公共服务供给等问题上低效或失效的困境，标志着官僚制范式向后官僚制范式转变，传统治理模式向现代化治理模式的转型，已成为当前各国公共事务治理的一种重要实践形式。学者从不同的研究视角对协同治理概念进行了解释，其中安塞尔（Ansell）和加什（Gash）的解释最为典型，两位学者基于过程视角，将协同治理定义为一个或多个公共机构与非政府利益相关者共同通过正式的、基于共识和协商的集体决策，以制定、执行公共政策或管理公共项目[42]。埃默森(Emerson)等人扩大了协同治理的主体范围，提出协同治理过程是跨边界、创造性的，是跨部门、跨层级、跨公私部门与超越不同社会阶级的，主体通过正式、非正式的形式参与到公共政策和公共事务的管理中，以治理复杂的、单一主体通过自身努力无法单独完成的公共事务[43]。有学者认为公共的、私人的以及非营利等部门基于相互依存的利益，为了解决一个复杂的、涉及多面的公共难题或情境制定相关政策的过程和制度而协同[44]。21 世纪初，我国学者将协同治理引入政治学、公共管理与工商管理等学科的理论研究视野与环境治理、社区治理等实践分析中，大多数国内学者将"collaborative governance"翻译为"协同治理"或"合作治理"，并结合我国的现实情境进行了解释。其内涵沿用了西方协同治理概念的特征与核心要素，均包括参与主体的多元性、治理过程的协同性与治理目标的超越性[45]，强调主体、过程、关系与共同目标。少数学者认为国内文献中"协同治理"与"合作治理"存在含义差别，是两个不同的概念，他们与其他学者的主要分歧在于两种治理中参与主体的地位。黄建伟、刘军认为"协同治理"是以主导者为行动核心在制度规则下协作，解决集体行动困境的过程，而"合作治理"主体间是自主、平等、互惠和合作的关系[46]。本书认为部分学者描述的二者概念差别源于所涉及的具体案例特征的不同，且"协同治理"均可解释具有主导者与参与者地位平等的合作案例，与其核心观点并不存在矛盾，均为对协同治理研究的回应，因此，本书采用广泛意义上的协同治理概念，即认同"协同治理"等同于"合作治理"的观点。

协同治理在理论上、实践上均为一个多维度、动态的概念，依据时间与情境的变化，不同学者对其有不同视角的解释，在其内涵上具有一定差异，但对其核心特征与要素的把握具有一致性，学界的主流观点为协同治理强调多元主体通过协商互动实现单一主体无法独立实现的目标的持续过程。本书依据联合国全球治理委员会与多数学者的定义，对协同治理给出如下定义：协同治理是个人、各种公共或私人机构管理其共同事务的诸多方式的总和，是以协调的方式促使有着冲突利益的参与主体相互理解、相互沟通并采取有效合作行为的持续的、更迭的过程[47]。具体解释为两个及以上主体基于资源依赖关系，形成合作网络，通过资源信息共享、共同制订行动计划，并进行利益协调，从而完成单一主体无法实现的目标的持续过程。

本书聚焦医养结合服务协同治理，根据协同治理内涵的典型解析，结合医养结合服务的属性，将医养结合服务协同治理定义为：医养结合服务核心机构与协同伙伴基于资源依赖与目标共识形成合作网络，通过资源共享、互动、优势互补、联合决策与行动发挥合作网络作用，协同设计、供给与管理医养结合服务，以实现治理目标的过程。此外，医养结合服务合作网络与医养结合服务协同治理的主体是一致的，核心主体包括政府部门、医疗机构、养老机构与社会组织等。医养结合服务合作网络发起与形成是其协同治理过程的两个环节，虽然政府部门、医疗机构、养老机构等主体在上述环节会扮演不同的角色，发挥的作用也存在差异，但以政府部门、医疗机构、养老机构等签订正式的合作协议为标志（表明主体间的协同关系建立），在合作协议时效内，合作网络的主体类型与数量保持不变。基于协议要求，上述主体通过联合决策与行动对医养结合服务进行协同治理，即上述加入了合作网络的主体亦为医养结合服务协同治理的主体。在具体的实践项目中，无论治理主体包含哪些具体政府部门、何种养老机构与何种医疗机构，为老年人直接提供“面对面”医养结合服务的主体均为养老机构、医疗机构或社区服务中心。由于上述主体已开始为老年人提供医养结合服务，原养老机构（或原医疗机构）被称为医养结合机构，社区服务中心被称为医养结合服务中心，即医养结合服务的实体载体（直接提供服务的组织）为医养结合机构或医养结合服务中心。两种组织中的高层、中层管理人员是参与医养结合服务协同治理的关键主体，亦是对合作前因、合作过程与协同治理绩效具有最直接、最深入了解的核心个体参与者，因此本书以医养结合机构或医养结合服务中心为样本，并对二者组织中的中、高层管理人员进行访谈并给其发放了问卷。为简化表述，后文我们将医养结合机构与医养结合服务中心统称为医养结合机构。

四、协同治理绩效

学术界对协同治理绩效的概念与内涵尚未达成共识，基于研究对象与其关注协同治理核心特征的不同，学者分别从关系视角、过程视角与结果视角界定协同治理绩效。部分学者认为关系是协同治理的一个显著的、核心的特征，将协同治理绩效定义为从协同关系中获取的利益水平，包括有效的协调和与合作伙伴之间的有效工作关系，常用的测量维度为沟通效率和关系满意度[48]。部分学者认为协同治理绩效取得是一个持续性的过程，在建立共识和协同治理中，过程和结果不能完全地分开，过程必定影响到结果，过程和结果是联系在一起的，因此应将组织间协同程度、协同过程的核心特征、目标达成程度与合作满意度紧密联系，协同治理绩效应包括过程绩效、目标绩效与结果运用绩效[49]。这部分学者将协同治理绩效界定为协同是参与主体带来的绩效价值和效果情况，既包括过程的有效性，也包括目标达成度与关系的有效性[50]。剩余一部分学者认为协同治理绩效的测量中，绩效是采取合作行动的成果或希望产生预期的结果[51]，因此过程不等同于结果，过程与结果必须分开[52]。他们从结果视角将协同治理绩效界定为对多元主体协同从事社会管理和公共服务而产生的业绩、效率和效果的统称，即协同治理产生的一系列达成的目标、获得的收益、关注产生的效益[53]。

协同治理为一个持续发展且不断纳入新内涵的概念，包含诸多要素，其中主体间关系是其关注的重点之一，包括关系强度、主体协同度与对关系的满意度，协同过程的资源投入、运行效率与管理成本均会对协同治理的结果产生影响，可作为协同治理绩效考量的对象。但以协同关系、协同过程产出的结果为对象对协同治理绩效概念、内涵进行界定与对协同治理绩效进行测量更符合绩效的本质与绩效的价值导向。绩效是指在一定时期内，基于目标设置，组织及其成员通过努力对工作任务的完成情况，它强调结果导向。它不仅指的是货币计量的收入，也包括个人或集团表达对现状满意程度的所有指标，如产出的增加、效率的提高、公平程度的提高、成本或交易费用的降低、激励水平的提高等，都可称之为绩效的改善[54]。因此，本书赞同从结果视角界定协同治理绩效。

自然资源、环境污染协同治理绩效，工商组织间与产学研组织的协同绩效对从结果视角解析与完善公共服务协同治理绩效概念与内涵具有启发性。上述研究领域的部分文献直接将绩效定位在结果层面并给出结果层面的具体衡量指标，部分文献虽未明确表述结果视角，但其指标的选择符合对结果的测量。本书列举了代表性文献中对协同治理绩效概念的相关表述与绩效测量指标，并提炼出文献中所强调的结果视角下协同治理绩效的核心要素：产出结果与合作目标（见表 1 - 2）。

表 1-2 协同治理绩效概念文献梳理与核心要素

研究对象	概念界定及其重点表述	指标测量	核心要素提炼	参考文献
自然资源、环境污染协同治理	协作过程旨在通过更好地管理资源和实施协同确定的项目目标来改善环境结果，从而使资源状况得到全面改善		产出结果√ 合作目标√	Mandarano[55]； Bentrup[56]；
	河流跨部门协同治理绩效采用河流水域质量指标进行测量，对主要目标的实现情况进行评估		产出结果√ 合作目标√	Fliervoet[57]； Santiago[58]；
	大气污染协同治理环境评估主要是指对区域空气质量的具体改善情况进行评估		合作目标√	吴建南等[59]
工商组织合作	供需双方合作绩效是指通过合作，供需双方共同收获的成果和得到的收益	供需双方合作绩效(CP)包括企业赢利能力、产品交付的及时性与灵活性、产品质量、企业技术创新速度、客户满意度和双方关系持续度6个指标	产出结果√ 合作目标√ 合作关系满意度√	彭正龙等[60]
	供应链企业间协同绩效是指通过合作，多方共同获得的综合效益		产出结果√	乔琳等[61]
		合资企业协同绩效的好坏可以使用类似合作目标的实现程度等主观指标来评价	合作目标√	Lyles[62]

续表

研究对象	概念界定及其重点表述	指标测量	核心要素提炼	参考文献
产学研协同	当产学研合作技术创新成果符合企业对成果的目标期望时，会直接影响其对联盟绩效的评价基准；以动机与行为为导向	产学研合作绩效测量维度为新产品数量，学术会议数量，研究者数量，公开出版物数量，专利数量，知识的产生、传播等评价指标	产出结果√ 合作目标√	郭斌等[63]
		企业与大学技术协同绩效测量维度为技术知识获取和技术能力提升	产出结果√ 合作目标√	Bonaccorsi等[64]
		产学研合作技术创新成果符合企业对成果的期望	产出结果√ 合作目标√	薛卫等[65]

基于此，本书基于已有环境、公共服务协同治理绩效的概念，借鉴产学研、工商组织间、供应链服务合作绩效的成熟概念，将协同治理绩效界定为：协同治理绩效是对协同治理效果的综合性评价[66]，是指随着参与主体合作网络关系的形成与发展，对各方投入资源与行动努力后已实现的共同目标及获得综合收益的衡量[67]，是单个组织无法通过单独努力而获得的收益。

医养结合服务协同治理绩效是指医养结合核心组织与协同伙伴基于共同利益，通过资源共享和优势互补，参与医养结合服务设计、供给与管理所产生的综合业绩和效果，是单一组织无法通过独立运营而获得的绩效，而非参与协同治理的各主体共同取得的绩效，强调对基于协同治理基础所产生的医养结合服务治理效果的测量，包括共同目标的实现程度与通过协同关系产生的附加绩效。本书将其划分为直接绩效（合作层面）和间接绩效（单一主体层面与其他收益）[68]。共同目标的实现是医养结合服务协同治理的直接目标，协同治理是否有效的指标可用共同目标的实现程度衡量[69]。此外，通过网络学习，组织各方面能力会得到提升[70]。因此，医养结合服务协同治理主体还会通过协同关系进行组织学习，从而获得发展方面的额外收益，即协同治理的附加绩效。

此外，医养结合服务协同治理直接绩效可在一定程度上体现医养结合服务绩效。医养结合服务绩效是指供给主体满足服务对象需求的效果，是对医养结合服务结果的衡量。依据文献及其访谈资料，由于协同治理伙伴成员个体目的不尽相同，但其协同关系的形成是基于一定的共同目标，协同治理的直接目标为实现多元主体设定的共同目标，因此可用共同目标的实现程度衡量协同治理直接绩效。此外，依据质性资料分析结果，医养结合服务协同治理的共同目标为提升医养结合服务质量、提高入住率、降低投诉率，最终得到的医养结合服务协同治理直接绩效的测量指标包括服务质量、入住率与投诉率。同时，提高医养结合服务质量、提高入住率、降低投诉率亦是医养结合服务绩效的部分测量指标。因此在本研究中，医养结合服务协同治理直接绩效可在一定程度上体现医养结合服务绩效，但二者并不等同。

第三节 研究目标与意义

一、研究目标

在积极应对人口老龄化政策与健康中国战略背景下，针对医养结合服务供给不足与医养结合服务质量不高等问题，探索调动多元主体积极性，促进其合作的逻辑与路径，进而提升医养结合服务协同治理绩效，推动其实践发展。具体研究目标包括以下几方面。

（一）构建理论分析框架

基于管理学、社会学与组织行为学等学科理论，厘清医养结合服务协同治理关键环节及其核心要素，结合现实情景，构建医养结合服务合作网络形成及其对协同治理绩效影响的理论分析框架，为后续实证分析奠定基础。

（二）探索医养结合服务合作网络形成机理

通过定性与定量相结合的方法，识别影响医养结合服务合作网络形成的关键因素与条件组态，为促进其合作提供方向和思路。

（三）呈现当前我国医养结合服务协同治理绩效水平和特征

通过量表设计、抽样、实地调研与数据分析，描述我国医养结合服务协同治理绩效的现实状况，揭示其整体特征。

（四）识别医养结合服务合作网络影响其协同治理绩效的路径

通过实证检验、分析医养结合服务网络结构、网络机制与关系质量对其协同治理直接绩效、间接绩效的影响机制，可为提升绩效水平提供数据支持与参考建议。

（五）提出医养结合服务协同治理绩效提升对策建议

基于理论与实证分析结果，从合作网络形成与合作网络效应发挥两个阶段设计促进医养结合服务协同治理的对策建议体系。

二、研究意义

（一）现实意义

在我国老龄化程度进一步加深、老年人健康养老需求日益增加的现实背景与积极应对人口老龄化、鼓励多元主体参与养老服务体系建设的政策背景下，本书通过开展医养结合服务合作网络形成及其协同治理研究，对更好发挥各级政府作用与充分激发社会力量活力，整合养老与医疗资源，解决当前我国医养结合服务供给困境，精准、高效满足老年人医养结合服务需求有着重要的现实意义。

本书的现实意义具体包括：通过实地调研与实证分析识别促进政府部门、养老机构、医疗机构等主体进行医养结合服务协同治理的关键条件及组态，可为解决主体合作意向低、资源整合难度大、破除资源分割壁垒、实现资源共享提供理论指导；通过定性与定量相结合的方法剖析医养结合服务协同治理绩效维度、设计绩效量表，可为科学评估医养结合服务协同治理现实效果、掌握其发展现状提供有效的测量工具；通过深入分析医养结合服务合作网络的结构、治理与关系维度对其协同治理绩效的影响，可为有效发挥合作网络作用、提升协同治理绩效提供科学参考。

（二）理论意义

基于管理学、社会学与组织行为学等学科的相关理论，构建医养结合服务合作网络形成及其对协同治理绩效影响的理论分析框架，揭示医养结合服务合作网络形成机理、合作网络多元特征维度对其协同治理直接绩效与间接绩效的影响机理，从供给方视角呈现出我国医养结合服务持续优化、高质量发展的逻辑，拓宽了老龄社会治理理论的研究视域，对于我国医养结合理论研究、制度优化具有重要意义。

将协同治理理论引入医养结合服务的研究范畴，强调多元主体资源共享与价值共生，呈现出多元主体参与我国医养结合服务治理的全貌，扩展了协同治理理论的应用范畴，进一步丰富了协同治理理论的内涵，为我国社会保障与老龄社会治理提供了新的理论视角，具有理论创新性与前瞻性。

理论分析框架强调协同治理的合作网络要素，关注合作网络特征对医养结合服务协同治理绩效产生的影响，将影响协同治理结果的关键网络要素纳入框架，挖掘提升协同治理绩效的关键路径，弥补了现有协同治理理论中合作网络特征不明显与协同治理过程核心要素缺失的不足，完善与发展了协同治理理论。

第四节 研究内容与框架

一、研究内容

本书以“医养结合服务协同治理”为研究对象，聚焦我国积极应对人口老龄化与健康老龄化背景下如何提升医养结合服务协同治理绩效这一现实命题，从治理过程视角构建“医养结合服务合作网络形成及其对协同治理绩效影响”的理论分析框架。基于该分析框架，展开了医养结合服务合作网络形成、服务协同治理绩效测度与合作网络对协同治理绩效影响的实证研究。依据理论框架与实证结果，提出提升医养结合服务协同治理绩效的对策建议，具体研究内容如下。

（一）医养结合服务合作网络形成及其对协同治理绩效影响的理论分析框架构建

基于资源依赖、协同治理与社会网络等理论，修正经典协同治理 SFIC 模型[SFIC 为 starting conditions（起始条件）- facilitative leadership（催化领导）- institutional design（制度设计）- collaborative process（协同过程）的简称]，构建公共服务合作网络形成及其对协同治理绩效影响的理论分析框架；结合医养结合服务协同治理的现实语境，构建并解释适用于我国实践情境的医养结合服务协同治理理论分析框架，从理论层面厘清其合作网络形成、合作网络特征对其协同治理绩效影响的内在逻辑。

（二）医养结合服务合作网络形成条件分析

运用扎根理论方法建构医养结合服务合作网络形成条件分析框架；采用定性

比较分析(QCA)方法，通过案例样本选择、条件指标体系设计、数据收集与校准、单个条件必要性分析与条件组态的充分性分析，识别、分析医养结合服务合作网络形成条件及其组态。

(三)医养结合服务协同治理绩效水平测度

采用扎根理论方法，收集多个关于医养结合服务协同治理绩效案例的访谈资料，并对质性数据进行处理，剖析医养结合服务协同治理直接绩效、间接绩效的构成维度；基于相关文献与实地访谈资料，修正相关量表，设计医养结合服务协同治理直接绩效、间接绩效的量表，运用探索性因子分析、验证性因子分析等检验量表的信度、效度与适用性；基于修正与验证后的医养结合服务协同治理绩效量表，设计调研方案，运用描述性统计方法测度调研地区医养结合服务协同治理绩效水平。

(四)医养结合服务合作网络对其协同治理绩效的影响分析

结合协同治理、社会网络、关系治理等理论与相关文献，构建医养结合服务合作网络影响协同治理绩效的理论框架，并提出研究假设；通过变量设置及其操作化、数据收集、样本数据的正态性与信效度等检验、结构模型拟合修正与稳健性检验，验证医养结合服务合作网络特征对协同治理绩效的影响关系假设；具体分析、讨论医养结合服务合作网络对协同治理绩效影响的路径与机理。

(五)提升医养结合服务协同治理绩效对策建议的提出

基于理论分析框架与实证分析结果，针对医养结合服务协同治理绩效不高、合作网络难以构建与合作网络效应尚未充分发挥的现实困境，从构建多元主体协同治理格局、促进合作网络形成、协同治理绩效评估与促进合作网络作用发挥等方面提出对策建议。

二、研究框架

本书遵循“问题提出→理论探索→实证分析→对策建议”逐层推进思路，开展医养结合服务合作网络形成及其对协同治理绩效影响研究。具体研究思路框架见图1-1。

·积极应对人口老龄化、健康老龄化
·医养结合服务多元主体参与政策导向
医养结合服务
·供需矛盾
·需求增加
·供给压力
问题提出
医养结合服务协同治理困境
·合作网络难以构建
·合作网络效应未发挥
医养结合服务合作网络形成及其对协同治理绩效的影响研究
理论综述
理论基础
·协同治理理论 资源依赖理论
·社会网络理论 契约治理理论
·关系契约理论
文献综述
·医养结合服务发展现状与合作现状
·医养结合服务各协同治理
·合作网络形成及其对协同治理绩效的影响
理论分析框架
SFIC模型
·模型核心条件
·模型简评
模型修正
·修正依据
·修正过程
理论分析框架构建
公共服务合作网络形成及其对协同治理绩效影响的理论分析框架
医养结合服务发展现实情境分析
医养结合服务合作网络形成及其对协同治理绩效影响的理论分析框架
实证分析
医养结合服务合作网络形成
医养结合服务协同治理绩效测度
医养结合服务合作网络对其协同治理绩效的影响
理论分析框架
·开放式编码
·主轴编码
·选择性编码
形成条件的定性比较分析
·变量必要性分析
·组态充分性分析
绩效构成维度
·开放式编码
·主轴编码
·选择性编码
绩效测量量表开发与验证
·测量题项开发
·探索性因子分析
·验证性因子分析
理论分析框架与研究假设提出
·理论与文献梳理
·框架构建
·变量间关系假设
结构方程模型分析
·模型拟合与修正
·研究假设检验
·稳健性检验
绩效测度结果分析
提升医养结合服务协同治理绩效对策建议
结论与展望

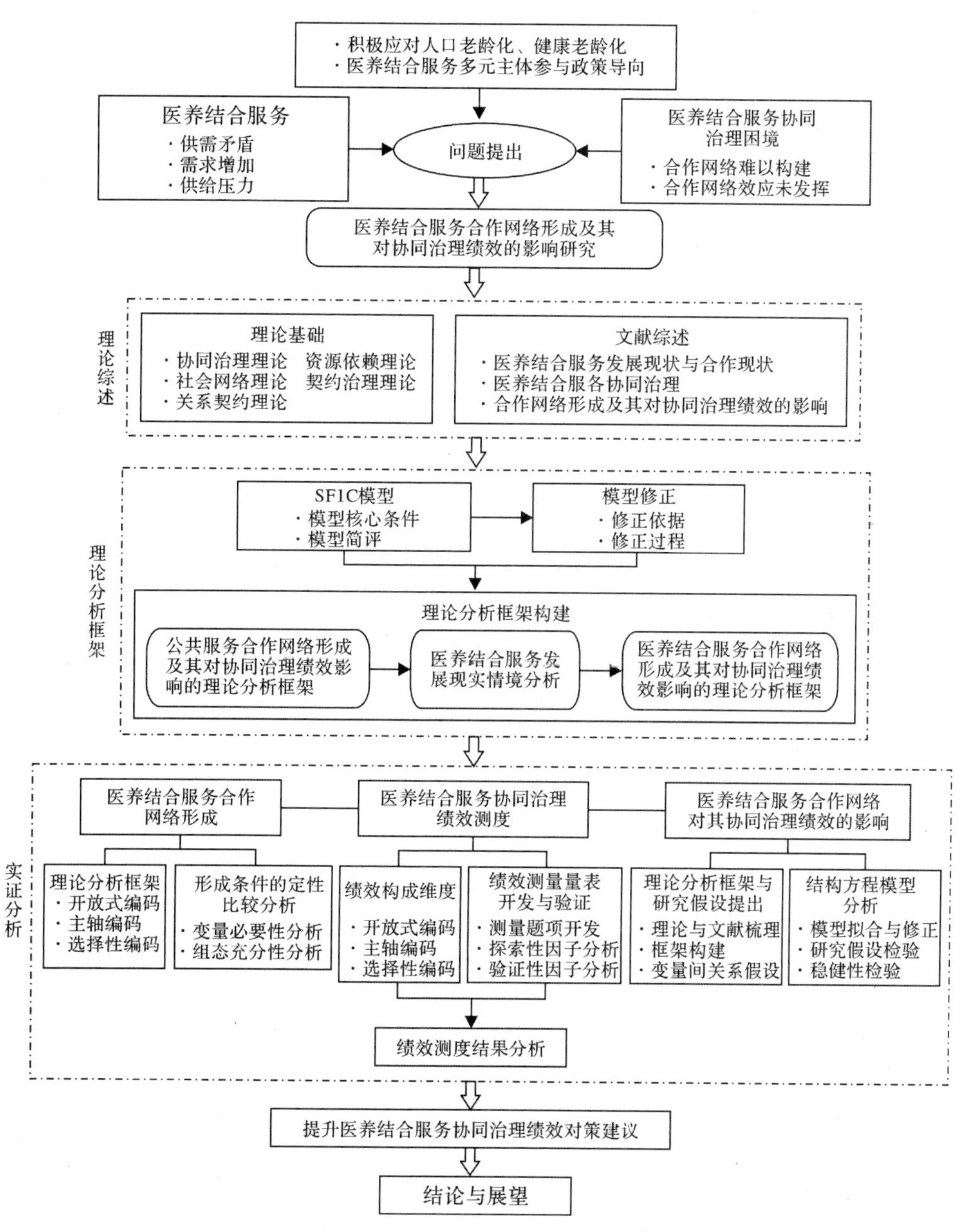

图 1-1 研究框架

第二章

理论基础与文献综述

本章主要阐述医养结合服务合作网络形成与其协同治理相关的理论基础，梳理医养结合服务发展与其协同治理、合作网络影响协同治理绩效的研究进展，并做出简要述评，指出本书的研究空间。

第一节　理论基础

一、协同治理理论

20 世纪 70 年代，为了缓解政府财政压力，提升政府效率，越来越多的西方国家政府通过民营化刺激市场，以发挥私人部门在公共事务中的作用。政府、非政府部门与公众协同治理公共事务、实现公共目标的公共管理改革浪潮兴起，并逐渐取代传统的单一政府主体治理格局。20 世纪 90 年代末，英国政府引入“协同政府”理念，与强调多元主体共治公共事务内涵相一致的协同治理理论与实践应运而生。早期，协同治理强调政府与非营利组织间的合作，随着公共事务治理的复杂化，协同治理除强调政府、企业、公民社会等治理主体的多元参与之外，还被应用到政治学、行政法学、经济学、公共管理学等多个不同领域[45]。“协同治理”最早由迈克尔（Michael）提出，他认为协同治理是政府与其他主体实现权力的共享，以实现公共目标的过程[71]。在公共管理领域，以安塞尔和加什的界定为主流观点，即协同治理是单一或多个政府部门、非政府部门通过正式协商与平等对话对公共问题进行集体决策的过程，致力于通过达成共识以实现制定或执行公共政策、管理公共项目与财产的目的[42]。近 10 年来，在转变政府职能与培育公共事务多元主体的背景下，协同治理被应用于我国公共危机治理、环境治理与其他公共服务治理领域。

协同治理理论为医养结合服务增质提效提供了可行路径，同时为其协同治理过程与最终合作网络价值实现提供了充分解释。第一，医养结合服务治理涉及政府、医疗机构、养老机构与社会组织等多元主体，需要各利益相关者相互合作且彼此制约，达成共识。而协同治理理论强调多元主体的参与性、目标的公共性，因此适用于医养结合服务协同治理领域。第二，协同治理理论强调治理的过程性与动态性，可为梳理医养结合服务协同治理的起点与协同绩效产出提供理论指导。第三，协同治理理论对治理规则、资源共享与主体间关系等要素的强调，为合作网络对医养结合服务协同治理绩效影响中的关键因素识别奠定了基础。

二、资源依赖理论

20 世纪 40 年代，资源依赖理论被应用于分析组织行为及其变迁过程研究，强调组织发展对其外部环境的依赖关系。1978 年，《组织的外部控制：资源依赖视角》一书中首次系统地提出这一理论，之后，该理论被广泛应用于组织与外部环境关系、组织间关系与组织绩效等研究中。资源依赖理论旨在揭示组织与环境之间的关系，组织可通过有效的控制降低对外部关键资源的依赖程度，以寻求其对环境依赖性和自身自主性的平衡[72]。该书认为对资源的占有、获得，资源的用途，资源对组织的重要性及其集中程度是组织间依赖性产生的重要原因，但组织可通过合并、联盟等方式控制外部环境、减小依赖性[73]。组建联盟的关键动机为通过丰富资源总量、提升资源可得性与减少资源不确定性实现成员的共同目标[74]。此外，单个组织对联盟的资源依赖性越大，其加入联盟的概率越大[75]。组织间共享的资源在联盟创造价值时使各方利益更为紧密，因此资源依赖关系可通过共同利益的形成提升联盟绩效[76]。

资源依赖理论揭示了医养结合服务多元主体间协同的动因，亦解释了医疗机构与养老机构能够通过合作网络的建立获取外部资源提升协同治理绩效的原因，为医养结合养老服务合作网络的形成与协同治理绩效的产生提供了充分的理论依据。第一，医养结合服务合作网络形成的初始条件为单一的政府、医疗机构或养老机构，它们均不能为老年人提供优质的医养结合服务，各主体彼此之间存在资源依赖,与资源依赖理论强调的所有组织均与环境存在依赖性相一致。第二,依据资源依赖理论,医养结合服务协同治理模式是多元主体为了避免出现养老资源、医疗资源或人力资源的短缺问题,通过结盟的方式寻求资源共享,以此降低资源约束的威胁和由于依赖带来的不确定性。它与资源依赖理论提出的组织常常以"联盟"方式降低其对不确定性环境的控制性相一致。第三,依据资源依赖理论,医养结合服务多元主体通过网络关系可快速获取、整合资源,共同创造价值,产生利益联结效应,最终协同治理绩效产生。

三、社会网络理论

社会网络分析起源于西方社会学领域,是研究社会结构的重要理论,随后被应用于心理学、统计学与管理学等多个领域。1954 年,巴恩斯(Barnes)正式提出"社会网络"概念,解释了文化如何塑造部落与乡村等内部成员的行为[77]。20 世纪 70 年代以后,社会网络理论与分析方法趋于完善,成为一种重要的社会结构研究范式。基于社会网络方法,古拉蒂(Gulati)对欧洲工程材料和技术平台、国际陶瓷实验室网络与大学地方发展网络等联盟演化过程进行研究,探索了如何参与、协调与领导合作网络,以使其产生最大的协同效应,并获得良好的联盟绩效[78]。之后,社会网络理论形成了结构主义与关系主义两大范式,并衍生出个体网络视角与整体网络视角两大切入点。整体网络关注网络整体特征,个体网络关注以个体为中心的网络,强调个体间彼此交互而形成的联结关系和关系模式,整体网络与个体网络均存在结构特征与关系特征[79]。网络结构聚焦于网络成员之间的组成模式,强调成员的数量、位置,是社会网络的核心基础要件[80]。结构特征会对参与者行为产生影响,产生不同的决策结果[81]。网络结构对组织资源获取能力具有正向影响力,进而实现组织绩效[82],即网络中的行动者即使不存在联系,由于具有相似的网络结构特征,可能会导致类似的结果。其中结构洞、中心度与聚集系数等是衡量个体网络的重要指标[83],网络规模、网络强度、网络稳定性、网络质量、网络异质性是衡量整体网络的重要指标[84-85]。在网络关系范式下,社会网络被视为联结成员的社会关系,社会网络中嵌入着大量的社会资源[86]。关系反映了合作网络的一种特殊属性,关系质量与关系强度是衡量合作网络关系的常用指标[87],且关系质量与关系强度均对组织间合作绩效具有预测作用[88]。

社会网络理论对医养结合服务合作网络特征识别、合作网络与协同治理绩效间的关系提供了重要的指导和借鉴。第一,依据社会网络理论,网络特征表征了医养结合服务协同治理的核心特征,特别是彼此间的联结方式与联系方式,体现了医养结合服务网络成员间的结构与关系特征。第二,依据社会网络理论,网络结构与网络关系均是医养结合服务合作网络的核心指标。网络结构体现了参与主体在网络中所处的位置、地位,网络关系体现了主体与其他网络成员之间的关系,结构与关系共同决定或影响着网络所能获得或配置资源的数量和质量。第三,依据社会网络理论,医养结合服务合作网络机构、网络关系均与其协同治理绩效存在密切关联,它是考察与探究医养结合服务协同治理合作网络演化、资源共享与医养结合服务协同治理绩效的重要关注点。

四、契约治理理论

契约是指定义权、责、利的书面协议,包括治理交易的各种正式制度,如法律、章程、员工的激励制度、企业和利益相关者的各种合同等[89]。契约治理是指通过正式的契约来治理交易,是限制机会主义和维护合作的治理机制[90]。威廉斯(Willianmson)认为契约治理的实质是通过签约双方依据事前对未来可能发生情况的判断,明晰双方的权、责、利,并通过控制、协调、激励与惩处措施规范成员行为,使其履行承诺,以控制合作风险,进而达到预期目标[91]。契约治理起源于交易成本理论,该理论解释了契约治理产生的原因。在跨组织关系中,专用性资产投入、外部环境不确定性与绩效的不易测度性,极大地提升了组织间的交易风险,有可能诱发更多的机会主义行为,为了更好地保护组织间的互动关系,契约治理方式在组织间跨界管理中被应用[92]。契约治理具有非人格化特征,其主要通过市场谈判、履约及监督等完成交易[93]。契约治理具有保护性、协调性与适应性三个核心功能。保护性是指通过制定合同细则、管理成员关系与促使双方严格履约等方式来应对环境的不确定性与复杂性,以达到最大限度保护交易免遭风险的目的。协调性是指通过明确成员角色、职责与期望,定义监督与控制程序,跨组织人员之间的沟通等方式消除分歧、解决争议、强化合作、达成共识,实现参与者联合学习或发展的目标。适应性是指通过设置或然条款来规定环境发生变化时自行采取合理行动以快速做出反应,阐明了双方认可的容忍空间,并提供指导策略或程序来处理或然事件[94]。契约治理的应用场景存在限制，存在一定的局限性，具体表现为由于合同的灵活性较差，伙伴间的互动关系仅限于履行合同中规定的双方义务，一定程度上会阻碍彼此间信息的交换[95]。此外，由于信息的非对称性、环境的不确定性、行动者的有限理性等原因，在契约治理过程中会产生搜寻成本、协商成本、订约成本、监督成本、违约成本等交易成本[96]。

契约治理理论为医养结合服务合作网络如何通过制度设计实现协同效应以及合作网络如何对协同治理绩效产生作用奠定了理论基础。第一，医养结合项目涉及政府与社会的委托代理关系、组织间监督关系与协调关系等，是一个复杂的系统。若要降低交易成本，促使医养结合服务合作网络产生协同效应，网络必须依托多种契约并对契约关系进行治理。第二，依据契约治理理论，医养结合服务合作网络可通过严格的契约控制性功能增加多元主体实施机会主义行为寻求单边利益的成本，遏制搭便车与投机动机，促进多元主体倾向于低自利性投入和高公益性投入；医养结合服务合作网络可通过契约协调功能明晰多元主体角色和应承担的责任，设计机制维护，推动关系发展，有利于减少主体间的误解，充分发挥各自专业特长进行决策、协同；医养结合服务合作网络可通过契约柔性功能，在环境出现不利变化时采取合理行动以快速做出反应，降低协同治理风险。

五、关系契约理论

1963 年，社会学家麦考利(Macaulay)初步阐释了关系契约理念，揭示了在商业关系中非正式的关系契约比正式的法律能够发挥更大的作用，他认为信任与互惠等关系性规则影响当事人的行动，使得当事人无须借助仲裁者、法庭等正式制度与规则也能确保交易的持续进行[97]。1978 年，麦克尼尔(Mecneil)正式提出“关系契约”，认为契约是人与人之间的交换关系[98]。组织间的重复性交易行为在达成一致过程后会形成关系契约，双方可利用关系规范或者对关系性的预期来抑制投机行为，以降低相互间的交易成本[99]。关系契约具有自我履约机制，是一种可提高交易绩效的社会关系活动，即交易者可通过沟通、协调行为以及信任关系完成正式合同以外的事项[100]。之后，由关系契约理念衍生出关系治理机制。关系治理机制是采用关系性手段来治理组织间关系的一种重要机制。关系治理机制主要包括信息交换承诺、互助承诺和互惠承诺三种机制，这些关系治理机制与企业绩效正相关[101]。同时，关系治理机制通过合法性、主观认知、集体规则等社会资本促进合作网络绩效的提升[102]。

关系契约理论为医养结合服务合作网络如何通过对主体间关系的有效治理实现协同效应以及合作网络如何对协同治理绩效产生作用奠定了理论基础。第一，依据关系契约理论，医养结合服务合作网络中不仅存在通过明确合同进行治理的正式控制机制，还存在依赖信任协调合作伙伴利益、减少机会主义行为发生可能性的关系治理机制；第二，关系治理机制对优化医养结合服务合作网络、促进网络作用发挥以及提升协同治理绩效具有重要作用，是维持、提升合作网络有效性的关键要素，并可通过信任、协调等路径提升医养结合服务协同治理绩效。

六、组织学习理论

1965 年，坎杰洛西（Cangelosi）和迪尔（Dill）首次提出组织学习概念，认为组织学习侧重于对未来事件和活动的探索，是一种可带来和增强企业长期适应能力的学习行为和过程[103]。该过程要求组织除利用现有资源以外，需通过探索和学习新的方法获得新资源，以提升组织能力，获取持续的竞争优势[104]。知识在组织绩效中可发挥关键作用，知识理论是知识存量的结合，组织需要不断补充新的知识以提高绩效[105]。组织学习可通过新知识的获取和学习成果的不断转化实现突破性创新，从而获得组织发展[106]，该过程包括获取知识、共享知识、应用知识、记忆知识四个环节[107]。组织学习改变了组织发展路径，是组织知识增强的过程，可使组织在各种活动中更容易、更快、更有效获取信息与资源。组织学习理论强调通过鼓励组织与环境之间进行知识交流、学习和共享，提高其资源整合能力，最终提升组织绩效[108]。

组织学习理论为医养结合服务合作网络如何提升协同治理间接绩效提供了理论依据。第一，养老机构、医疗机构等为实现医养结合服务可持续供给，增强个体组织竞争力，除利用现有资源以外，需从外部环境或其他组织探索和学习新的方法以获得新资源，这一过程不仅可增加原有资源的数量，也可丰富资源的种类；第二，医养结合服务治理主体通过合作增加了与外界进行信息交流的机会，可在发现知识、运用知识和创造知识的动态过程中从合作伙伴方学习或获取丰富的知识，改变组织行为并提升组织绩效。

第二节 文献综述

一、医养结合服务发展现状

(一)医养结合服务模式与运行逻辑

1. 医养结合服务模式

依据不同的理论视角与标准,学者将医养结合服务模式划分为多种模式。自20世纪70年代以来,基于整合照料、综合照护等理念与政策,美国、英国、日本等发达国家相继出现了一系列医养结合实践模式。西方模式将医养结合内涵于老年人照料服务中,主要围绕照料资源整合展开,具体包括整合护理站点(住院、门诊、家庭和社区服务)模式[109]、整合融资来源(医疗补助、医疗保险和基金)模式[26]、综合模式(医疗资源、护理人员、患者信息的整合)[110]与整合照料的智慧模式与信息卫生模式[111]。

21世纪初,"医养结合、持续照顾"理念被引入我国。基于养老服务体系的结构与医养结合发生的场所,医养结合服务模式可划分为"机构养老"医养结合模式、"社区养老"医养结合模式与"居家养老"医养结合模式[17][112]。部分学者以嵌入性理论为视角,认为养老机构与医疗机构的结合方式有结构性嵌入与关系性嵌入,包括医养结合科层组织模式、医养结合契约模式、医养结合网络模式。医养结合科层组织模式是结构性嵌入的体现形式,即医疗机构或养老机构在组织内部建立养老科室或医疗科室;医养结合契约模式是关系性嵌入的应用形式,即医疗机构与养老机构通过市场契约或者签订合作共建协议;医养结合网络模式是兼具结构性嵌入与关系性嵌入特点的形式[113]。基于社会力量参与视角也可划分为"公办公营""公建民营""民建民办"和"民办公营"四种模式[114]。

综合多种视角研究结论,大多数学者赞同依据服务供给主体间关系或医疗服务与养老服务结合方式划分医养结合服务模式,具体包括整合照料、联合运行、支撑辐射三种模式[115]。事实上,整合照料是基于原有资源的基础,养老机构与医疗机构扩展服务,但以各自独立载体的形式提供综合服务的模式,即养老机构或医疗机构内部同时提供"医+养"服务,这种模式使入住老人可享受生活照料、精神慰藉、医疗卫生等一站式服务[116]。这种模式可同时解决医疗资源紧张与养老资料闲置与浪费的问题，但存在医疗机构拓展养老服务或养老机构拓展医疗服务时，投入有限与资金不足的问题[117]。联合运行与支撑辐射模式属于医养结合服务合作模式，在这两种模式中，养老机构与其他机构均需签订合作协议进行资源共享。联合运行是指在一定区域内不同类型、不同级别的医疗机构和养老机构联合起来，签订合作协议，实行"双向转诊""医养合一"的服务，建立协作联盟和数据共享平台，成为利益共同体和责任共同体，有机整合医疗机构与养老机构的资源[118]。此模式无须大范围新增额外资源，使医疗机构与养老机构双方节约了运营成本，同时减少了老年人的就医时间。但由于缺乏有效的利益协调机制和约束机制，合作双方易出现利益分配矛盾，且发生事故时，存在推诿现象，老年人的合法权益难以得到保障。支撑辐射即为居家老年人提供医疗服务，驻点在社区的医疗机构定点联系需要医疗保健服务的机构和居家老人，为其进行基本的诊断、护理与治疗服务等[119]。这一模式借助社区有利的地理优势与便利的服务条件，使老年人可居家或在社区中获取便捷的医疗服务。但较高的运营成本限制了这一模式的发展，同时部分老年人及其家庭无力承担由于上门服务而产生的服务费用[120]。

2. 医养结合服务运行逻辑

部分学者从理论与实践视角分别论述了医养结合服务的运行逻辑。耿爱生认为作为一种新型养老服务，医养结合服务运行逻辑应与我国现阶段的经济社会发展情况相结合，凸显中国特色。具体的理论逻辑为：基于健康养老、老年保障体系整合、服务连续性与服务经济性的特质，医养结合服务运行的支撑条件应涵盖良好的社会氛围、健全的制度体系与组织保障等[21]。李长远认为，社区居家医养结合服务模式的运行逻辑为：基于老年人的服务需求，建立符合国情的社区居家医养结合服务体系，满足老年人的健康养老服务需求，提高其生命质量[112]。封铁英、南妍基于全国养老服务业医养结合典型案例，结合相关理论，构建了医养结合养老模式主体互动逻辑与生产过程逻辑[121]。

（二）医养结合服务发展的必要性、发展困境与发展路径

1. 医养结合服务发展的必要性

在我国老龄化程度加深、速度加快的背景下，老年人对医疗健康服务的需求增加，推进医养结合服务发展已十分迫切。伴随老年人数量的增加，随之失能和半失

能老人、慢性病老年人数量不断增加，老年人对养老服务与医疗照护需求日益增加[122]。满足老年人的养老与医疗需求，延长老年人的“健康余寿”，缩短其带病生存期，是“健康老龄化”的核心要义。医养结合可通过融合生活照料与医疗护理服务促进老年人身心健康，进而提升其继续参与社会、服务社会的能力，这样不仅能降低社会照料成本，还可以充分发挥老年群体的能动性，是我国积极应对人口老龄化、实现“健康老龄化”战略目标的可行途径之一[123]。

当前养老服务与医疗服务相互分离，供需矛盾突出，这一现状要求政府和社会统筹养老服务资源与医疗资源，发展医养结合服务。我国大中型医院医疗资源有限，无法为患有慢性病的老年人提供长期住院和护理服务[124]。我国大部分养老机构和医院等医疗康复机构存在空间距离或隶属不同的行政管理系统，各自独立、自成体系，养老机构不方便就医，医疗机构不能养老，无法同时满足老年人的养老与医疗需求[11]。同时我国传统家庭的照顾功能弱化，且缺乏完善的医疗护理条件。我国“421”结构的家庭广泛出现，由于人员、时间、精力与财力的不足，多数家庭中的年轻一代已无力为老年人同时提供养老服务与一定的照护服务，尤其是对于患有慢性病的老年人、残障老年人以及需要精神慰藉排除孤独的老年人家庭，这一问题尤为突出[125]。

2. 医养结合服务发展的困境

当前我国医养结合服务发展处于探索阶段，在实践过程中仍存在瓶颈，面临政策体系支持不足、筹资渠道单一与专业护理人员医养结合服务储备不足等多重困境。

政策支持不足与政策难以落实是发展面临的制度性障碍，具体为制度安排中的“政策缺位”现象和制度执行中的“政策扭曲”现象[126]。一方面，推进医养结合服务发展的政府部门涉及民政、财政、卫生、人社与税收等多个部门，政策涉及税收减免、医院管理、人才建设、土地使用等方面，但相关政府部门因为业务范围与组织结构的差异，在医养结合政策制定上存在定位模糊、认知不统一与利益分化等问题，造成政策措施难以协调一致，碎片化严重[18]。另一方面，医养结合政策存在“一刀切”现象，政策差异化考量不足，使相关扶持政策难以落地，如多数养老机构无法满足卫生健康部门规定的医疗设施标准，很难申请到医疗执业许可和医保定点资质，无法顺利拓展医疗服务，进而无法提供医养结合服务[127-128]。

筹集渠道单一、发展资金不足严重制约了医养结合服务的发展。医养结合服务属于高复杂性、高技术性与高协同性项目，需要巨额启动资金[129]。医养结合服务发展资金除来自医疗机构或养老机构的自身投入以外，大部分资金依赖政府财政拨款，筹资渠道单一，资金压力较大[130]。我国许多中、西部地区或东北地区城市财政资金十分紧张，在兼顾医疗保险、养老保险资金时，投资医养结合的资金不足[114]。另外，医养结合服务投资回收期长和投资收益率低，难以在投资市场获得资金支持，易陷入融资困境，持续运营所需资金无法及时筹集，可持续性经营面临挑战[15]。此外，医养结合服务费用高昂，社会保险与商业保险均尚不能完全支撑起医养结合服务的资金需求，老年人及其家人对医养结合服务的支付能力不高，可持续性的服务消费难以维持[131]。

专业护理人员不足、从业人员匮乏是影响医养结合服务供给质量的重要因素。医养结合服务体系规划与实施均需专业医养护一体化服务团队完成，当前大部分医养结合机构的专业护理人员较少，大多数服务人员未经过系统的专业培训，仍属于一般的养老照护人员，通常只能进行房屋打扫、擦洗和做饭服务，无法进行医疗护理和心理情感安慰[132]。同时医养结合机构难以负担高额的人工成本，尚未有能力招收具备医疗、康复护理和心理情感安慰等技能的高素质的专业技术人才[133]。由于劳动时间长、劳动强度大、工资待遇偏低，学历高、护理能力强的高素质护理员流动性也较大，“断层”现象严重[134]。

3. 医养结合服务发展的路径

基于对医养结合服务面临困境的分析与讨论，有学者提出了完善政策体系与建立政策的协调机制、拓宽医养结合项目融资渠道与加大人才培养力度等具体措施，这些具体措施的核心内涵均指向医养结合服务协同治理这一关键路径。老年人养老需求的多层次性、服务属性的多样性与单一主体资源的局限性，决定了多元主体合作参与、协同治理是破解医养结合服务供需困境的必然路径[135]。

在医养结合服务协同治理实现路径的框架下，须加强相关政府职能部门间的沟通联系，建立医养结合一体化的行政协调机制，以确保政策体系的一致性与政策执行的顺畅性。积极调动社会力量，激发社会活力，将政府和社会力量有机结合，拓展资金来源渠道[136]；积极鼓励厂办、校办、民办医院和社区卫生服务中心发挥专业技术优势，转型为康复院、护理院等医养结合型养老机构[9]，减少、节省资金，以解决投入资金与可持续发展资金不足的问题。加强与各大医学院校、职业技术学院的合作，开设老年医养护专业课与建立老年医养护实习基地，培养储备人才，实现科研院校与医疗机构人才培养与接收的无缝对接，从供给侧增加护理人才；卫生部门、人力资源和社会保障部门与民政部门合作对医养结合养老人才进行培训，并通过激励机制和补偿机制吸引人才、留住人才，保持人才供给的稳定性与可持续性[137]。

二、医养结合服务合作现状

（一）医养结合服务合作概况

随着我国老龄化程度进一步加深，高龄、失能与失智老年人数量增多，其医疗需求与政府养老医疗供给能力间存在差异。积极推进多元主体合作是当前我国促进养老资源与医疗资源结合的一项重要政策导向与实践探索。2015 年，国务院办公厅发布的《关于推进医疗卫生与养老服务相结合指导意见》（国办发〔2015〕84 号）中明确了医养结合的重点任务，其中包括建立健全医疗卫生机构与养老机构合作机制，支持养老机构开展医疗服务，推动医疗卫生服务延伸至社区和家庭，支持社会力量举办非营利性医养结合机构以及鼓励医疗卫生机构与养老服务融合发展等；2019 年，国家卫生健康委、民政部等发布的《关于深入推进医养结合发展的若干意见》（国卫老龄发〔2019〕60 号）再次强调深化医养签约合作，鼓励养老机构与周边的医疗卫生机构开展多种形式的签约合作，双方签订合作协议，明确合作内容、方式、费用及双方责任。在实践中，截至 2019 年 12 月底，在全国 36185 家养老机构中，有 32874 家以不同形式开展医养结合服务，占比 90.85%。其中，30487 家与医疗机构开展了签约合作，占比 84.25%[138]。截至 2021 年底，医养结合服务 PPP（政府与社会资本合作模式）项目 10203 项，其中处于准备阶段的 458 项、采购阶段的 2023 项、执行阶段的 7722 项[139]。

医养结合服务合作作为医养结合的重要实践之一，近年来已从养老机构与医疗机构等主体的自发实践探索逐步发展为政府主导推动的针对社会养老制度的补充性安排。由于政策、经济与社会环境的差异，不同地区、省市医养结合服务合作实践进展存在差异，总体上处于初级阶段或发展阶段，合作模式与有效路径尚未定型，在实践过程中仍存在服务主体合作动力小、合作网络不完善与绩效评估不健全等多种问题。

（二）医养结合服务合作动因

资源共享与功能互补是多元主体参与医养结合服务合作的主要动因。在当前医养结合实践中，一级公立医院病床供不应求，经常存在患者等待就医的现象；而养老机构老年人虽可享受固定的养老硬件设施服务，但由于高龄、失能或失智等原因，频繁需要康复、诊断与护理等服务，为医护人员提供了较多的工作场景[140]。同时，老年人及其家属在两类机构之间经常处于疲于奔波的状态。基于上述问题，养老机构与医疗机构等通过功能嵌入、资源互补，均可在合作中获得匮缺资源，实现组织发展的调整重塑，取得多方期望的实践效益[141]。同春芬等认为地理位置上的相邻为社区医养结合服务合作提供了资源共享的条件，社区、养老机构与医疗机构可充分挖掘、利用自身现有资源，实现功能互补，达成合作。具体表现在社区卫生服务中心可为辐射范围内养老机构老年人提供日常体检保健、常见病诊治、急症速救等医疗服务，同时养老机构也可接收出院后需要后续专业护理的老年人[142]。袁莎莎认为社区卫生服务机构人力资源有限，需要借助社会力量提供多种资源共同为老年人提供医养结合服务[143]。田新朝等认为粤港澳医养结合服务发展的不平衡性和资源的互补性为其合作提供了可能。港澳地区在养老服务科技、融资渠道、服务模式、人才培养和产业结构上存在优势，具有较强的资本与能力输出意愿，为广东省日益紧缺的养老服务资源提供了供给渠道[144]。此外，基于现实环境视角，王晓晓等通过扎根理论构建的社区医养结合服务公私合作模式表明，老年人日益爆发式增长的医养结合服务需求、国家政策导向与政府部门推动是多元主体参与医养结合服务合作的主要动因[145]。

（三）医养结合服务合作模式

医养结合服务合作的核心参与主体包括政府部门、养老机构、医疗机构与社区等，其中政府部门通过不断加大政策扶持力度，筹资引导，是合作的推动者，养老机构、医疗机构与社区等是具体合作形式的实施载体[146]。主体建立合作关系的标志就是签订合作协议。依据服务供给载体的数量，合作可分为联合运行模式与支撑辐射模式两种具体形式。联合运行模式具体形式多样，既包括实体结合模式，也包括“互联网＋”线上线下结合模式，是当前我国医养结合服务合作的主要模式；支撑辐射模式受限于社区卫生中心的服务能力，为补充模式。

联合运行即政府、医疗机构与养老机构等主体联合为老年人提供医养结合服务，主体均为服务的实质供给者。区域性中心医院、社区卫生服务中心与养老机构中的二者或三者合作为联合运行模式较为常见的实践形式。在该种模式中，医疗和养老服务分工明确、协作管理，形成了多元投资渠道的医疗和养老机构联合体[147]，同时养老机构多建在医疗机构附近，医护人员可定期上门巡诊，及时处理老年人遇到的突发紧急情况，并对其进行及时转诊[148]。另外一种常见的联合运行模式为“政府＋医养结合服务联合体”，即当地政府部门加入服务供给主体中。如医院与区政府签订长期合作协议，医院自行添置医疗和养老等其他设施，并进行日常决策和运营，按照协议要求、标准和内容，向老年人提供医养结合服务[149]。上述两种模式多以社区为平台，有效联结起政府部门、社区卫生服务中心、社会组织、专业养老机构与三级资质医院等众多类型的主体，合力为老年人提供集养老与医疗为一体的综合服务[150]。此外，随着互联网技术的发展，实践中出现了以“互联网＋”为特征的远程医养结合合作形式的试点。该模式可解决养老资源与医疗资源在地理位置上的分离，通过在线数据筛选和比对，减少不合理或无效的医疗需求，更好地促进公立医院和民营医院、综合医院和专科医院、医疗机构和康复机构之间的优势互补，将集中的医疗资源和分散的老年人群体充分结合[151]。同时，依据参与主体公共属性，部分学者关注医养结合服务 PPP 模式。在该种模式中，政府与社会资本达成合作关系，公私合作模式不同于传统政府购买服务模式，参与主体在平等自愿、友好协商的基础上建立伙伴关系，共同享有自由裁量权。比如，以“公”为代表的社区卫生服务机构与以“私”为代表的社区居家养老服务机构之间建立的合作伙伴关系[152]。

支撑辐射模式，即驻点在社区的医疗机构定点联系需要医疗保健服务的机构和居家老人，为其进行基本的诊断、护理与治疗服务。常见的形式是以社区卫生机构为服务供给载体，结合政府购买形式，依托社区服务场景，以签约家庭医生的形式为社区老年人提供基本的医疗卫生服务和康复服务。家庭医生需根据老年人健康状况和需求，制定个性化的签约服务内容，包括康复指导、健康评估、家庭病床、家庭护理、远程健康监测等，并为签约老人设计专门的服务方式，如上门服务、错时服务、预约服务等，使行动不便的老年人足不出户就能享受疾病诊疗、康复保健、长期护理等服务，该模式为社区老年人提供了便利的医养结合服务[153]。

（四）医养结合服务合作效果

医养结合服务合作是我国老年人高质量健康养老服务模式的有益实践与探索，它可以充分整合养老医疗资源，减轻医疗机构负担，弥补养老服务体系不足，满足老年人需求。该模式依托大型医疗机构资源，能够在一定程度上缓解社区与养老机构医护人员短缺的问题，弥补基层护理人员专业知识匮乏的问题[154]。医院基于原有的医疗硬件设施、人力资源、管理经验等，扩展护理床位或延伸医疗服务，这样不仅可以增加医院的经济收益，还可以缓解家庭与机构护理老年人的压力。养老院基于原有的日常生活照料服务，增加护理、医疗功能，能够最大限度地提高养老床位的利用率[155]。同时基于连续性专业护理与完善的日常照料服务的融合，该模式被证明有效地改善了老年人的健康状况，提高了其生存质量，同时减轻了其家属的经济与精神负担。

医养结合服务合作仍存在多个问题。主体合作动力不足是医养结合服务合作网络形成面临的核心问题，具体表现为医疗机构参与合作意愿低、养老机构参与合作的阻力大。综合能力强的大型医院患者流量较大，医护资源刚好满足现有需求，且这类医院倾向于将资源投入到盈利高的常规医疗上，没有精力也没有动力参与微利的医养结合项目[156]；基层医疗卫生机构人员工资由政府财政承担，待遇不随额外的老年人医护服务而增长，主动参与医养结合的意愿较低[157]；加之以老年人为对象的医护服务，发生事故的概率相对较大，易引发医患争端与法律责任纠纷，或需服务供给者承担沉重的事故赔偿费用，也使医疗机构对合作缺乏信心，产生顾虑。医养结合服务风险与收益分配错配是养老机构（尤其是自负盈亏的民办养老机构）参与合作的主要阻力，项目投资回报率低、投资回收周期长且风险高降低了养老机构投入医养结合服务项目的积极性。养老机构的建设投入资金量大，融资主要来源于自有资金和银行贷款，融资压力较大；同时财政补贴经常不能及时到位，使得部分养老机构面临入不敷出甚至破产的恶劣境况[158]。

合作网络结构不合理、关系质量不佳、机制不健全阻碍了医养结合政策的落地，医养资源的对接、共享与递送。网络结构问题主要表现在规模、联系频率欠佳，例如山东某市 14 家养老机构长期护理保险均与 1 家医院对接医保，其中机构与对接医院的距离近则 3～5 公里，远则 8～9 公里，老年人及其家属检查、取药与结算等需频繁往返于二者之间，耗费时间、人力与财力，未达到方便、快捷的要求[159]。

此外，合作主体间信任关系较差的问题较为突出，较为常见的表现为医疗机构对养老机构的信任度较低，为避免医疗纠纷的发生，多数医疗机构不愿意拓展老年人的居家诊疗服务[160]；加之由于医疗护理与养老护理、康复治疗与康复护理界限不清，实践中以医疗的名义支付老年人的养老和护理费用、将养老的费用混入医保报销、非必要甚至虚假的检查、化验、用药等诊疗服务以骗取医保资金等现象进一步减弱了主体间信任感[161]。同时，养老机构与周边大型医院的医疗合作缺乏协调机制、职责划分机制与利益共享机制而导致其联系普遍较为松散、协同困难[162]。医养结合服务涉及民政、社保、国土资源与卫生等政府部门，各部门分管不同业务。由于部门间缺乏沟通协同机制，部门间推进动力不一致与信息沟通不畅，造成医养结合服务责任模糊、权力分散等，分级诊疗、双向转诊等相关政策执行与推进较难[163]。医养结合涉及多重异质主体之间的合作，不同主体在价值取向、组织目标和行为准则上存在差异[164]，养老机构、社区、社会组织、企业等多元主体利益和使命不完全一致，协同供给医养结合服务的共同目标难以确立，未有效促进多元主体间的资源递送与共享，资源整合效应与协同效应尚未实现[165]。

医养结合服务协同治理缺乏完整的绩效评估体系，评估主体、内容与形式等尚未形成科学的规范，难以有效评估治理结果。一方面，养老服务与医疗服务分别由民政部门和卫生部门独立进行绩效考核，但目前两个部门对医养结合服务协同治理绩效的考核政策仍处于割裂状态，导致考核主体不明确、考核标准不统一、考核结果认定冲突[166]。另一方面，以政府意志为目标导向或以组织效益为目标导向的合作模式导致评估内容不够全面，绩效考核中以政府绩效与养老机构效益为主，忽视了对老年人真实偏好是否满足的评估[141]。此外，当前医养结合服务协同治理尚未达到预期效果。据调查显示，部分机构服务项目虽多，但医护人员紧缺并且服务能力有限，服务质量无法得到保障[167]。特别是在提升老年人身体健康水平上，医养结合模式作用不明显。据某市抽查结果显示，在医养结合模式下，老年人整体生命质量评价仍偏低，患有两种及以上慢性病的共病现象也较明显[168]。同时部分医疗机构与养老机构的签约流于形式，签约的服务项目数量少、内容单一，难以满足老年人多元化的健康服务需求[24]。

三、医养结合服务协同治理

(一)发达国家医养结合服务协同治理实践

医养结合服务发展的重要环节之一是整合医疗资源与养老服务,实现医院或养老机构向“医护型”机构的转变,而政府、医疗结构、养老机构与社会组织等主体协同治理是实现医养结合服务体系有效性的重要路径[167-170]。在我国,医养结合服务协同治理涉及医疗、照护、健康咨询、家政服务、康复指导、人员培训、心理咨询等复合型养老服务内容,其目标是维护老年人的身体健康、心理健康[171-172]。自1970年以来,世界卫生组织、美国、日本等为了提高老年人护理质量,相继提出了综合护理、综合照护的理念,倡导为老年人提供持续的护理、医疗和养老服务,同样强调政府、市场与社会多元主体协同参与以保证服务质量与效果,这些地区的老年人整合照料服务协同治理发展过程为我国医养结合服务实践探索提供了丰富的经验。

世界卫生组织(简称世卫组织)出台了老年人综合护理(ICOPE)计划,该计划由世卫组织虚弱症、临床研究和老年医学培训合作中心、图卢兹大学医院的老人医学中心协同制定。来自世卫组织与护理、养老服务学术界的近50名国际专家组成的老龄化委员会基于500多份原始出版物的分析合力完成该计划,目的在于指导世界各国推进健康老龄化,使更多老年人健康地老去。ICOPE计划是国际组织在政策与国家层面协同提高老年人医养结合服务质量的范例,为其他国家多元主体参与医养结合服务实践提供了方向和有益借鉴[173]。随之,法国奥西塔尼亚地区在大规模临床实践中实施了世卫组织ICOPE项目,命名为“INSPIRE ICOPE-CARE”(激励的老年人综合护理)项目,以参与式整合照料的方式确保老年人转诊途径与专业护理服务。在ICOPE-CARE项目中,市政厅、部门和地区以及组织(部门委员会、养老基金、保险)将不同的参与者聚集在一起,围绕着“使社会适应老龄化”的共同目标,制定合作政策并推进其实施。计划具体实施工作是由地区老龄化和预防依赖小组网络完成的,包括医疗部门、医疗社会组织,如法国国家老年保险基金、补充养老基金、高加隆省议会等,多元主体合作的议定书由图卢兹政府养老部门与奥西塔尼亚地区卫生局制定。这种模式已在奥西塔尼亚地区取得初步成功,法国卫生部门将在其他地区大力实施该项目,以借鉴奥西塔尼亚的经验[174]。

在美国，随着年老体弱者人数的增加和人口预期寿命的延长，对老年人的长期护理已经成为政策议程上最重要的家庭、社会和财政问题之一。加之，多数养老机构护理质量差且费用较高，联邦政府与州政府致力于改善养老机构的护理质量，但效果甚微。1971 年，美国个别州开始推行一种将正式的长期护理服务和紧急护理相结合的模式，实现老年人全面护理计划，被广泛称为 PACE（长者护理全包计划）模式。该模式通过聚集利益相关者，以市场为主导，充分调动社会力量、社区组织以及民众等多元主体参与的积极性，实现了服务供给主体协同治理[175]。PACE 模式的核心特点是项目规划者和提供者、私人资助机构、基金会和政府之间的合作，即多元主体协同治理是至关重要的，是项目成功的催化剂。PACE 模式以最大限度地提高每个体弱老年人的自主权和为其提供持续的社区服务为核心目标，并以低于医疗保险、医疗补助和私人支付参与者的成本提供高质量的护理。成人日间照料中心是提供服务的中心，特别是初级医疗保健服务，如提供医生或专科护士进行评估和治疗，医院、养老院与家庭也是核心参与主体。服务人员涉及项目主管、医生、护士、社会工作者、家庭健康主管、物理治疗师、家庭健康护士或助理、药剂师和其他临床专家（包括心理学家和精神病医生、牙科临床医生、养老院工作人员）、耐用医疗设备供应商与临终关怀工作人员。PACE 模式的服务包括初级保健、社会工作和恢复治疗，由成人日间照料中心、家庭、医院和疗养院共同提供。该项目亦包括专业和辅助的医疗服务以及社区长期护理服务，如交通、膳食、家庭护理和个人护理。评估数据表明，PACE 模式使老年参与者的身体健康状况和生活质量均得到改善，死亡率也更低，同时有利于降低全社会医疗成本，提高医院病例管理质量，促进多学科交叉融合研究方法的发展[176]。

日本从 2000 年开始以全社会为基础建立了长期护理制度，该制度引入社会资本，逐步从家庭护理发展到社会化护理，且具有地域综合支援服务网络特征，同样是医养结合服务协同治理的优秀实践之一[177]。随着日本人口快速老龄化和老年人寿命的延长，日常生活中需要护理的老年人越来越多。在 1973 年之前，老年人医疗费用全部是免费的，因此出现了过度住院现象，多数需要护理的老年人长期住院以享受护理服务，导致医疗资源被过度占用与浪费。长期护理保险制度作为一个新的框架被引入，为需要被长期照护的老年人提供护理服务，以维持其生存质量与尊严。市政当局（城市、城镇和村庄）均是当地长期护理保险公司的运营者。同时医疗机构与家庭也参与其中，老年人可以在家接受来访护理人员、护士和康复专家的护理服务，或者他们可以去提供商那里接受服务。随着人口老龄化的加剧和老龄人口的增加，长期护理保险的总费用每年都在按比例增加。此外，劳动年龄人口，即提供护理的人口数量也在下降。为了长期护理制度持续运营，日本在长期护理险的基础上建立了社区综合护理系统。市政当局基于医疗卫生与养老机构等主体的资源，设法促进其合作，如政府与地方医疗协会联合为各行各业人士举办培训班，以利于其建立联系。提供服务的专业人员包括医生、护士、护理经理、护理工作者、康复专家和药剂师等。此外，除了专业的长期护理提供者，当地志愿团体也是重要参与者之一。日本比世界其他国家更早面临人口老龄化问题，已尝试建立了长期护理保险制度等多种对策。政府部门、保险公司、养老机构、家庭与社会组织等合力为老年人提供高质量、持续的医疗护理服务，这也为世界其他国家，尤其是亚洲国家提供了有益的经验[178]。

世卫组织 ICOPE 项目、法国 INSPIRE ICOPE-CARE 项目、美国 PACE 项目与日本长期护理制度均历经 20 年以上的发展历程，取得了一定效果，积累了丰富的实践经验。虽然上述国外整合照料模式与我国医养结合服务实践存在一定区别，西方国家老年人照料实践在初始阶段就将“医养结合”内涵于照料中，即“医养结合”是老年人照料的必备要素，“整合”理念聚焦于不同级别医养资源的整合，目的在于提升老年人初级照料质量，加强初级护理与急性护理的衔接。中国医养天然分离，故“结合”的初步实践与研究被定位于医疗资源与养老资源的融合[121]。但上述实践取得阶段性成功的共性因素仍对我国医养结合服务协同治理具有启发性。第一，多元主体参与。医养结合服务除直接涉及医疗护理服务与养老服务以外，还涉及基础设施建设、保险与金融等诸多领域。因此，该实践需要多个政府部门共同推进，而不仅仅是卫生、养老服务部门。同时，老年人及其家属的参与亦是决定医养结合模式成功的重要因素之一。老年人既可以选择在机构接受初级保健与恢复性治疗服务，也可以居家接受膳食、家庭护理等辅助医疗服务。以美国 PACE 项目为例，项目强调成人日间照料中心、家庭、医院和养老机构共同为老年人提供正式与非正式的医养结合服务，以持续提高服务对象的健康状况[179]。第二，渐进式改革。医养结合模式从初步发展到成熟需要一定的时间与经验积累，需采取渐进式策略，在基于前期项目实施效果与新服务方式测试结果的基础上，适时进行微调，以符合所在阶段现实国情、文化传统和历史沿革。美国 PACE 项目从理念、立法到全国范围推行共历经 25 年，日本从长期护理险制度初步实施到社区综合护理系统建立亦历经 20 年，上述模式均强调动态适应外部环境、关注不同时间空间现实问题的复杂性与差异性，及时调整服务内容及其提供方式，以创新性满足老年人的差异化需求。第三，进行目标管理。提高老年人生活质量与健康水平是一项长期的、持续性的系统性计划，应充分考虑不同时代老年人的医疗状况、心理功能、生活环境，以设定正式与非正式服务供给数量与质量目标，同时依据社会经济发展水平变化，纳入新的考量因素，提前设置未来目标。日本长期护理保险制度已经实行了 20 余年，虽然该系统已经持续发展并逐步稳定，但基于人口发展趋势预测，用户数量的增长速度将快于人口老龄化速度，长期护理保险的总成本也会急剧增长，将给这一系统带来巨大压力。为了长期护理保险系统能在未来继续运作，日本政府在进行定期审查的同时，调整了发展计划及其长期目标，当前正在试验运行以社区为基础的综合护理系统，目标为当大量老年人需要密集的长期护理时，社区也有能力满足这一需求。同时，以实施促进各种形式的就业和社会参与的方式保持整个社会的活力，以应对未来老龄人口剧增与劳动力减少的现实问题[180]。

（二）医养结合服务协同治理机理

基于不同的理论视角与实践案例选择，学者构建了多种医养结合服务协同治理框架与运行机制。基于府际合作视角，政府部门在医养结合服务协同治理中发挥着激励、监督与推动的作用[181]，包括卫生、民政与人社部门等，不同部门之间的横向协同是关键。建构部门间有效的协同机制，部门间协同的动力，强化部门间政策衔接，建立基层多学科跨专业服务团队是完善医养结合服务运行机制的核心[166]。基于区域协同视角，在地理上相邻或相近的城市、区、县等，可建立民政、卫生、社保、财政、物价等相关部门的联动格局，通过土地资源、人力资源与医疗资源互补，实现跨区域的卫生机构、养老机构的协同[182]。区域协同医养结合平台是区域协同的具体体现，从整体上统筹制定跨行政区协作策略、完善府际责任承担与利益共享机制，充分发挥经济圈建设优势，可跨区域实现不同医疗机构间的信息交流和资源共享，促进优质医疗资源下沉[183]。

基于合作网络视角，多数学者基于委托代理理论与博弈理论分析了不同层次医养结合服务协同治理主体间的关系，既包括政府部门，亦包括医疗机构、养老机构与社会组织等其他主体，主体间存在多种代理关系，隐含多重复杂博弈行为。利益冲突和利益调整不可避免，关键是以合理的利益分享机制、责任共担机制、资源整合机制和跨部门协同机制来提升协同治理绩效[184]。医养结合服务需来自政府部门、私人部门与第三部门等多个机构的合作，形成政策社群、专业网络、府际网络、生产者网络与议题网络[185]，行动者策略及互动关系是合作网络的关键要素。各参与主体基于不同价值取向，重复进行利益博弈[186]。易婧等从政府、医疗养老机构和企业三者关系入手，建立三方合作博弈模型，分析了西部地区养老体系参与主体的策略选择[187]。赵大仁等强调政府部门间有效的协同合作机制是医养结合服务治理的有效路径选择，医养结合政策执行需打破条块分割、明确各方责任[188]。合作需建立多重的、可操作的内部治理机制，包括资源共享机制、奖励惩罚机制、监督机制与利益分享机制，以在合作理念、目标、结果评估上达成一致性意见，共同保证合作的有效性与可持续性[189]。社区家庭医疗服务项目通过明确参与主体的责任和义务，在互信共建的基础上提供家庭医疗服务，这一项目体现了医养结合合作网络中主体的合作机制[190]。

四、合作网络对协同治理绩效的影响

（一）合作网络对公共服务协同治理绩效的影响

以往学者们在资源依赖理论、关系治理理论的基础上通过定量研究与定性研究方法探究了影响公共服务协同治理绩效的因素和条件。从研究层次来看，影响绩效的因素可以从单个参与主体视角与合作网络视角进行分析，主要集中于政府与社会力量的公私合作伙伴关系与政府外包项目中购买公共服务两个领域。影响公共服务协同治理绩效的参与主体层面因素主要是公共服务提供核心主体自身的特征和伙伴主体的特征，主体特征包括协同治理意识与能力。政府与社会力量等多元主体的认知模式与价值取向均会对协同治理产生导向、规约等能动作用[191]。此外，治理主体特征与专业能力也是充分发挥各治理主体的优势作用、调动资源、形成协同效应、实现有效治理的重要因素[192]。

公共管理学界的另一主要流派基于社会网络理论与绩效管理理论探讨公共服务协同治理绩效的影响因素。将合作网络引入协同治理绩效研究中，可实现协同治理中资源的有效分配，加强合作伙伴参与监督、惩罚机制的意愿，促进合作冲突的化解，提高协同治理的绩效。在大气污染协同治理、水污染协同治理等环境污染协同治理与基本公共服务协同治理中，学者发现合作网络对协同治理绩效具有显著影响。部分学者通过理论框架构建与实证分析验证了网络结构、网络关系、网络管理行为对协同治理绩效的影响机制。在这类研究中，西方学者将社会网络理论和分析方法与绩效评估相结合，重点分析网络结构特点影响公共服务效率以及促进组织提高绩效的内生机理[193]。马雪松认为基本公共服务的协同治理结构应从系统的外在约束、内在要求以及保持系统的相互协调与内外调试三个方面进行理解[194]。刘波等人研究发现关系质量是网络结构与社区协同治理绩效间的重要中介变量[195]；阿格拉诺夫（Agranoff）和麦奎尔（Mcguire）通过对美国 237 个地方城市间经济发展网络的研究将合作网络划分为政策和战略制定、资源交换和基于项目的网络活动三类，发现网络规模、成员多样性、联系频率、网络机制与网络关系等是提高公共服务协同治理绩效的重要因素[196]；史传林通过调查中山市有关部门与社会组织合作的领导和工作人员，实证发现网络关系与网络管理行为是协同治理绩效的重要影响因素，其中沟通程度、资源替代性、策略水平、公平程度、互补性、信任程度对合作绩效具有显著的影响力，可用上述变量来预测政府与某社会组织之间的合作绩效水平[197]；姜庆志通过对县域协同治理的实证研究发现，组织的资源依赖性、主体间信任、协同治理认同与社会参与能力均对协同治理绩效产生正向影响，合作规则、合作领导与资源整合在上述成员特性因素与协同治理绩效中起中介作用[198]。在大气污染协同治理研究中，参与者所处位置及联系频率决定网络结构，网络结构限制或促进参与者的行为方式与范围，进而影响协同治理结果[199]。

部分学者通过实地调研与案例分析剖析影响协同治理绩效的合作网络要素。在长期照护服务协同治理中，正式规范或制度是影响协同治理绩效的重要因素，社区通过制度设计可呈现出较高水平的协同治理绩效[200]。正式制度与信任关系会对基于协同治理的政府绩效评估效果产生正向影响[201]。罗文剑、陈丽娟等认为财政与人力资源投入效率、协同治理的过程监督机制与协同治理绩效评估体系是政府间协同治理绩效的影响因素[202]。

（二）合作网络对跨组织协同绩效的影响

在产学研协同创新绩效、企业协同创新绩效等其他跨组织协同绩效的影响因素研究中，合作网络是学者关注的重点。网络结构、网络关系与网络治理机制均是影响跨组织协同绩效的重要因素。

基于社会资本理论，合作网络是一种通过投资建立的外部关系网络，包含个人和集体行动者，这些行动者通过信息、权力和团结的形式获得利益，同时集体行动者可以加强其集体特征以增强其采取集体行动的能力。社会资本可创造新的知识，是组织优势的来源，它可划分为结构、关系与认知维度，而网络结构与网络关系是社会资本的基础[203]。网络结构可分为个体网层面与整体网层面，网络规模、网络中心度和网络结构洞是个体网结构的常见衡量指标[204]，整体网络结构指标主要包括网络规模、联系密度与稳定性等[205]。一般而言，大的网络规模可增加知识库容量，丰富资源存量，有利于提升跨组织或网络联盟的协同绩效[206]。网络规模效应受限于网络管理能力与其他制度性因素[207]，林润辉等验证了当协同创新网络规模超过一定的临界值时，协同创新绩效逐渐降低，即网络规模与协同创新绩效的关系呈“倒 U 型”关系[208]。网络联系密度也是影响协同治理绩效的重要因素，在高密度网络中，广泛的联盟关系可以减少机会主义行为、提高相互信任和互惠行为，从而提高创新绩效[209]。冯卫红、胡建玲运用结构方程模型研究企业网络结构对产业集群以及提升企业创新协同能力的作用，结果表明网络联系密度对企业协同创新绩效发挥正向影响[210]。王海花等对产学研协同绩效的研究结果表明，随着网络密度增大，跨区域专利申请量增加，但体现专利质量的授权量变化不大，网络密度对创新绩效影响不显著[211]。部分学者研究了网络稳定性对跨组织协同绩效的影响，研究结果呈现差异性。谢永平等认为稳定的网络结构可以帮助企业稳定地吸收伙伴成员的创新信息，而不稳定的网络结构可能使企业无所适从，因而网络稳定性有助于提升协同绩效[212]。连远强等在新兴产业创业联盟的研究中发现网络稳定性对协同创新绩效的影响并不明显[213]。少部分学者将网络异质性也纳入合作网络结构的研究范畴，认为网络异质性可促进知识增量，异质性与企业协同创新绩效具有较强的正向影响作用[214]。同时，网络异质性会正向影响科技型大学生创业绩效[215]。陈关聚等将网络异质性分解为多个维度，发现目标异质性和文化异质性对合作创新绩效具有负向效应，管理自主权异质性对合作创新绩效的作用不明显[216]。

基于社会交换理论，有效可持续性的合作需要良好的网络关系支持，实证研究表明关系质量对组织间协同创新绩效具有显著的直接促进作用[217]。学者们一般都认为关系质量是一个包含多个维度的高阶抽象概念。信任、承诺、资源共享和联合解决问题均是伙伴关系的重要指标[218]，王凯等验证了相互信任关系、相互承诺关系、资源共享和联合解决问题对知识协同创新绩效有着非常显著的正向影响[219]。信任是网络关系最重要的测量指标之一，是解释人际关系、群体行为和管理有效性的关键因素，被视为组织彼此合作的基础，不仅是确定组织间关系强度的重要因素，还是保持其长期合作的重要因素，进而提升协同绩效[220]。关系承诺与协同绩效的影响关系结论存在分歧，大部分学者研究证明承诺能够直接促进合作行为，降低合作伙伴的离去倾向[221]，关系承诺可降低交易成本，增加交易收益，使得协同绩效得以提升[222]。以往研究认为关系承诺对企业绩效有正向促进作用，简兆权等的研究结论显示关系承诺对协同创新绩效的直接影响并不显著，但能通过网络能力的中介起作用[223]。关于资源共享对协同绩效影响的研究结果较为统一，学者普遍认为资源共享对协同绩效有显著正向影响[224]，且大部分研究聚焦于知识共享与信息共享。在企业间协同创新研究中，宋华等发现联合解决问题对买方和卖方创新绩效都有积极的促进作用[225]。

基于关系治理理论，由于网络缺乏组织的问责制和权威结构，网络自主演化的假设并不成立，所有的组织间网络都必须进行某种形式的网络治理，网络治理才是网络效力的重要保障。网络治理机制强调网络治理的过程性，是一种通过网络建立与网络关系维护的动态发展规制，可调和多元主体的交易关系，从而降低交易成本，以保持网络的稳定性和持续创新能力[226]。一般而言，网络治理机制对网络绩效具有积极的正向影响[227]。其中，契约治理机制和关系治理机制是网络治理的重要维度。契约治理机制和关系治理机制均能促进协同绩效[228]。契约机制，即正式治理机制，可以降低资源流动和组织运转的制度摩擦，对政府、创业载体与在孵企业合作绩效具有促进作用[229]。关系治理作为实现组织间关系控制、沟通与协作，保障关系持续发展的一种非正式制度，强调在组织成员间建立相互信任、彼此合作的长期关系，对组织间合作绩效存在显著正向影响[230]。但一些学者的研究结果也表明，治理机制对协同绩效的影响在不同研究对象中存在差异，如李浩等的研究表明,正式治理机制对孵化网络绩效具有倒 U 型影响[231]。

五、简要述评

本章对所涉及的关键概念、相关理论、医养结合服务发展现状、医养结合服务合作现状、医养结合服务协同治理与合作网络对医养结合服务协同治理绩效的影响等文献进行系统的回顾和梳理,现做如下述评。

(1)已有研究梳理了医养结合服务的内涵、模式、运行机制、发展困境以及路径。基本结论为:医养结合实践存在参与主体间合作网络不完善与尚未实现利益协同的问题,协同治理是其突破发展瓶颈的必然路径。上述共识为医养结合服务具体问题研究的展开明确了方向,但现有多数研究局限在简单的现象描述,具有一定的重复性与相似性,缺少对医养结合服务协同治理普遍性规律的总结与系统的理论概括。

(2)已有研究强调实现医养结合服务协同治理目标需关注医养结合服务协同治理主体间关系与治理机制,但现有研究大多数以价值阐释与案例分析为主,缺乏对医养结合服务合作网络形成分析与合作网络对医养结合服务协同治理绩效影响的实证检验。

(3)部分研究关注医养结合服务协同治理绩效评估,但评估维度与指标较为片面,仅强调服务质量与老年人健康状况评价指标体系构建,忽视了医养结合服务协同治理的合作特征,与常规养老服务评估难以区分,尚不能客观、全面、有效地评估其协同治理绩效。

(4)合作网络对协同治理绩效影响的研究大多是针对跨组织协同领域,研究成果已被部分引入公共服务协同治理绩效研究中,对医养结合服务协同治理研究具有启发性,但仍存在不足。具体表现为:研究尚未关注医养结合服务协同治理绩效测量,且对其他公共服务协同治理绩效的评估不够全面,较多关注直接绩效评估,忽视直接绩效以外的其他绩效;大部分研究从网络要素的单一维度(如网络结构、网络关系)出发研究合作网络特征对协同治理绩效的影响,且并未涵盖维度下的所有要素,观察变量的选取不尽合理,忽略、遗漏了某些关键要素与要素之间的交互关系。此外,合作网络对协同治理绩效影响路径的研究较少,合作网络对协同治理绩效影响的中间机制仍呈“黑箱”。

上述研究为本书开展医养结合服务合作网络形成及其对协同治理绩效的影响研究提供了理论与方法的借鉴,其研究不足亦为本书提供了空间。因此,本书基于医养结合服务协同治理成果,在借鉴合作网络对跨组织协同绩效与公共服务协同治理绩效的研究框架与研究方法的基础上,结合我国医养结合服务实践特点,构建医养结合服务合作网络形成及其对协同治理绩效影响的理论分析框架,为后文实证分析提供理论指导;收集合作网络已形成与尚未形成的案例资料,通过对比研究探索医养结合服务合作网络的形成条件及其组态;基于量表设计,利用实地调研数据描绘医养结合服务协同治理绩效的现状;实证分析合作网络对医养结合服务协同治理绩效的影响机理;最后提出提升医养结合服务协同治理绩效的对策建议。

第三节　本章小结

本章通过介绍协同治理理论、资源依赖理论、社会网络分析与契约治理理论等,明确本书的理论基础。协同治理理论为医养结合服务增质提效提供了可行路径,同时为其协同治理过程与最终合作网络价值实现提供了充分解释;资源依赖理论为医养结合服务合作网络形成与协同治理绩效产生提供了理论依据;社会网络理论对医养结合服务合作网络特征识别、合作网络与协同治理绩效间的关系提供了重要的指导和借鉴作用;契约治理理论与关系契约理论为解释医养结合服务合作网络如何通过有效治理主体间关系实现协同效应以及合作网络如何对协同治理绩效产生作用奠定了理论基础。此外,本章通过梳理医养结合服务发展现状、医养结合服务合作现状、医养结合服务协同治理、合作网络对协同治理绩效影响等相关研究的进展,明晰了本书的研究空间。

第三章

理论分析框架与研究设计

本章围绕提升医养结合服务协同治理绩效的命题，结合我国现实情景，修正协同治理模型，构建医养结合服务合作网络形成及其对协同治理绩效影响的理论分析框架。并依据框架，设计本书的实证分析思路、调研方案与研究方法。

第一节　理论分析框架

一、理论分析框架基础——SFIC 模型

(一)SFIC 模型

SFIC 模型是经典的协同治理模型之一，作为基础理论被引用于案例研究[232]与量化研究[233]中，并被广泛应用于多个国家的治理实践中。该模型是由安塞尔和加什基于对不同国家的一系列政策领域协同治理案例研究的元分析，通过回顾137 项案例中的经验与理论而对先前协同治理理论进行的总结与完善。该模型有4 个主要要素：初始条件、催化领导、制度设计与协同过程。初始条件设置了信任、冲突和社会资本的基本水平，这些条件是促进协同产生的资源或障碍；领导力对协同活动起到协调和促进的作用；制度设计设定了协同发生的基本规则；协同过程是模型的核心部分，其本身是高度迭代和非线性的，在模型中被简化为一个循环过程[234]。

1. 初始条件

初始条件包括 3 个宽泛的变量：不同利益相关者之间资源或权力的不平衡、利益相关者协同的动机、利益相关者之间过去的冲突或合作历史。权力和资源的不

平衡、冲突或合作历史会影响群体参与协同过程的动机。

2. 催化领导力

领导力在协同治理中对制定和维持明确的基本规则、建立信任、促进对话和探索互利共赢至关重要。同时，领导力能促进协同过程中的合理授权与保障较弱利益相关者的权益。尤其是在参与动机薄弱、权力和资源不对称分布、预先对抗情绪高涨的情况下，有效的领导力可协调参与者关系，使其摆脱矛盾关系僵局，推进协同进程。

3. 制度设计

制度是协同治理的基本协议和基本规则，对协同过程的程序合法性至关重要。基于经济人假设，参与者以实现自身利益为目标，程序是否公平关乎协同过程中被操纵的可能性，最终影响利益的实现。因此他们对程序公平很敏感，往往带着怀疑的心态进入协同过程，程序合法性在一定程度上取决于利益相关者认为自己得到了公平的听证。基本协议与规则可使参与者确信流程是公平和公开的，谈判是真实的，协作过程是可以实现共同利益的。

4. 协同过程

协同过程是面对面沟通、建立信任、对过程的承诺、达成共识和中间结果 5 个要素之间的循环。面对面沟通可以促使参与者打破成见，识别互惠机会，是协同治理的必要条件。由于个体的差异性，参与者会在协同治理起始阶段缺乏信任，在参与者之间建立信任是协同继续推进的一个重要条件，尤其是对有着矛盾冲突历史的多个利益相关者的协同项目尤为重要。对过程的承诺建立在承认为共同利益进行真诚的讨价还价是实现共同目标最佳途径的基础上，要求参与者预先表达愿意遵守协同治理各方协议的承诺，以尽可能确保各方观点不被忽视、立场的合法性或法律义务的履行等。达成共识是指参与者对协同治理所要实现的共同目标达成合意，也包括对解决问题的知识和方法达成一致。中间结果是指在协同治理过程中取得的“小的成绩”，即关键的进程成果与产出，中间结果被反馈到协同过程中，可鼓励建立信任和承诺的良性循环，进一步加强协同关系，取得最终协同治理的成功。

SFIC 模型如图 3 - 1 所示。

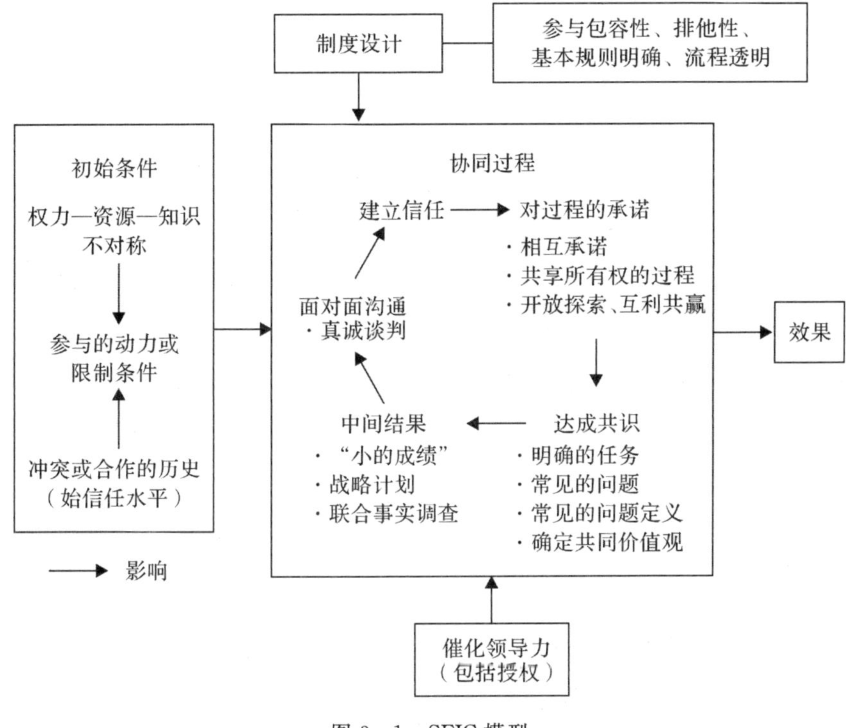

图 3-1 SFIC 模型

（二）SFIC 模型简评

SFIC 模型是安塞尔和加什基于元分析方法与广泛的案例、文献对协同治理过程进行细化而构建的一般模型，总结并论证了协同治理中的关键活动要素，重点关注协同治理在哪些条件下能够发挥作用。SFIC 模型首次以环形结构而非线性结构表述协同治理，强调协同治理的过程性、循环性与迭代性，在公共政策制定与公共管理实践领域被证明有着广泛的适用性。但 SFIC 模型同样存在着不足之处，需要进行补充、完善与发展，以更有效、有力地解释纷繁复杂的协同治理实践。

1. SFIC 模型未突出协同治理的本质特征

协同治理是两个及以上主体基于资源依赖关系形成合作网络，通过资源信息共享与共同制订行动计划，从而完成单一主体无法实现目标的持续过程，强调相互冲突的不同利益主体不断进行调和、采取合作行动的过程。因此协同治理过程的核心逻辑应为多元主体间如何实现协同。SFIC 模型虽然突破其他协同治理理论的静态视角或线性过程视角，关注协同治理的过程性，但并未深入挖掘出协同治理过程中的本质特征，在协同治理过程环节多以参与者个体的行为作为对象解释实现协同的条件，未突出参与者之间的互动过程及其形成的关系特征是影响协同治理的核心要素。此外，参与者个体行为以动态活动呈现，但活动到结果之间呈“黑箱”状态，未深入解释活动的哪些本质特征影响协同治理的结果。

2. SFIC 模型将制度要素排除在协同治理过程之外

协同治理过程中存在诸多不确定性因素，如参与者的搭便车行为、责任权益不匹配问题、合作过程公平性缺失等，上述问题成为协同治理关系形成与协同治理目标实现的障碍。通过制度制定与优化对参与者多方的角色和责任、行为和产出、监督的过程及违规的处罚等进行界定，是有效促进协同实现必不可少的条件，同时也是协同治理过程的核心要素。SFIC 模型虽强调制度设计的重要性，但却将其作为环境变量排除在协同治理过程之外，未体现制度要素的人为设计性与其在促进协同关系与实现协同治理结果过程中的不可或缺性，降低了制度在协同治理中的重要性。

3. SFIC 模型弱化了协同治理的结果要素

协同治理以实现单一主体无法完成的目标作为结果期待，驱动不同主体的参与，保障协同关系与协同过程的持续，因而协同治理效果是协同治理产生与存续的核心要素，它与 SFIC 模型中协同治理主体的活动过程同等重要。在 SFIC 模型中，协同治理效果被看作是协同过程的产物，仅出现在示意图中，未被详细论述。

二、公共服务合作网络形成及其对协同治理绩效影响的理论分析框架——基于 SFIC 模型修正

（一）修正依据

协同治理倡导多元主体的资源共享、联合计划与行动、利益协调，最终实现公共服务的共同目标。在这一过程中，参与者寻求目标的一致性，从而打破参与者之间的边界隔阂，形成合作网络[235]。协同治理本质上是通过多元主体的有效合作解决公共服务供给低效的困境，公共服务合作网络是协同治理与单一组织治理或科层制相区别的本质特征。多元主体组合是一个网络整体，主体间通过直接或间接的联系共享资源、互换信息、改变行为，实现资源的优化整合，从而实现协同治理

绩效，合作网络特征成为决定协同治理绩效的关键因素。不同于强调参与个体的协同治理理论，强调合作网络的协同治理研究不再单一地关注个体因素，它开始关注协同治理的本质特征（合作网络）对协同治理绩效产生的影响。因此构建公共服务合作网络形成及其对协同治理绩效影响的理论框架能更真实地反映协同治理过程与其合作网络特征，可将影响协同治理结果的关键要素纳入框架，有效探寻实现协同治理结果的关键因素与路径。这一框架可弥补 SFIC 模型中协同治理本质特征不明显、协同治理过程要素缺失的不足，完善与发展原有经典 SFIC 模型，丰富现有协同治理理论成果。

（二）修正过程

本书首先吸取 SFIC 模型中的重要合作网络要素，初步构建“合作网络-协同治理绩效框架”，如图 3-2 所示。之后结合相关理论与已有文献完善网络要素，提高框架的普适性与解释力，构建“公共服务合作网络形成及其对协同治理绩效影响的理论分析框架”。

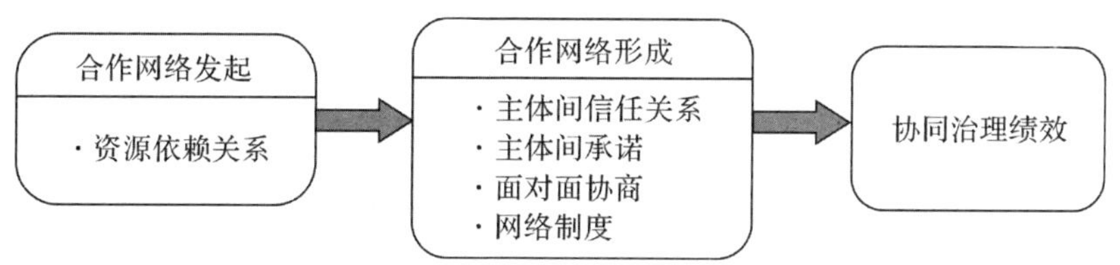

图 3-2　合作网络-协同治理绩效框架

1. 合作网络要素提炼——基于 SFIC 模型

SFIC 模型关注协同治理产生的条件与过程，该模型虽未对协同治理中的合作网络进行解释与挖掘，但强调协同产生过程、多元主体间的互动关系，与合作网络产生及其主体与关系要件相一致，因此 SFIC 模型为“公共服务合作网络形成及其对协同治理绩效影响的理论分析框架”提供了逻辑线索与要素参考。SFIC 模型将协同治理划分为 3 个核心环节：初始条件、协同过程与效果。借鉴上述“起始—过程—结果”逻辑，本书将前述 3 个环节具体化，划分合作网络全过程为合作网络发起、合作网络形成与协同治理绩效 3 个环节。合作网络发起为公共服务协同治理的初始环节，合作网络形成为协同过程环节，协同治理绩效是对协同治理效果的综合性评价，体现协同治理结果。

在“合作网络发起—合作网络形成—协同治理绩效”逻辑下，提炼出 SFIC 模型中与合作网络密切相关的要素。在合作网络发起环节，基于 SFIC 模型，提炼出资源依赖关系要素。SFIC 模型强调资源的不平衡可能促进或阻碍协同治理动机，本书关注协同治理形成的正向条件，将资源不平衡改为资源依赖关系。同时去除 SFIC 模型中“过去的冲突或合作历史”“利益相关者协同的动机”两个要素。过去的冲突或合作历史可能影响合作网络发起，但并非必要条件，只在多元主体存在资源依赖关系的基础上，这一要素才可发挥作用，故删除这一要素。本书关注协同治理的合作网络因素，故删除“利益相关者协同的动机”类似的个体层面要素。在合作网络形成环节，基于 SFIC 模型中的“建立信任”“对过程的承诺”“面对面沟通”与“制度设计”，提炼出合作网络形成的主体间信任关系、主体间承诺、面对面协商与网络制度 4 个要素，同时去除 SFIC 模型中“达成共识”“中间结果”与“催化领导力”要素。修正后框架意在解释合作网络如何形成与形成后网络特征如何影响协同治理结果，共识是合作网络发起的基础，不属于形成后的合作网络特性，在合作网络形成环节讨论“共识”具有滞后性，故删除。“中间结果”与“催化领导力”属于激励要素与个体要素，故删除。

2. 理论分析框架

初步厘清了公共服务合作网络产生过程、框架与部分要素，但仍存在合作网络要素不全与要素碎片化的不足。基于上述框架，本节将结合协同治理理论、资源依赖理论、社会网络理论、组织学习理论与已有文献完善框架中的网络要素，构建公共服务合作网络形成及其对协同治理绩效影响的理论分析框架，如图 3-3 所示。

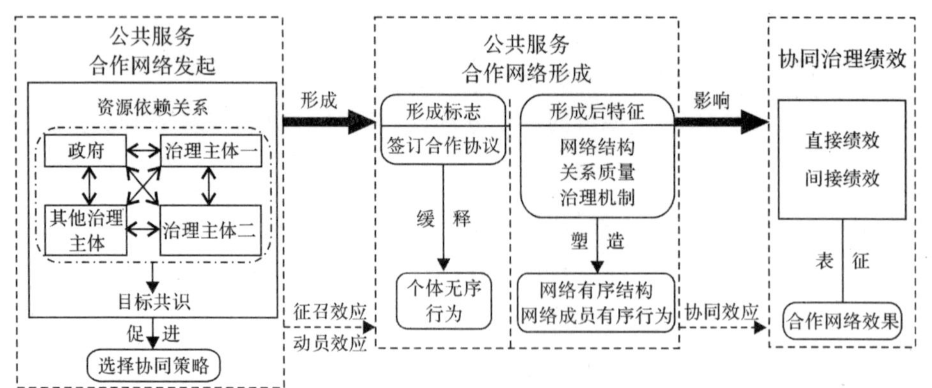

图 3-3 公共服务合作网络形成及其对协同治理绩效影响的理论分析框架

协同治理强调一个具有复杂关系网络的开放系统,治理过程本身也是一种开放系统,不同主体间存在复杂的关系网络。协同治理过程实质上是公共服务合作网络发起、合作网络形成以及协同治理绩效实现的过程。3个环节并非静态的、互相独立的,可分别看作由不同要素组成的系统。当单个系统内的基本单元聚集后会成为复杂系统,复杂系统会产生更高阶段的效应,为协同治理系统整体功能的发挥提供更大可能。此外,3个环节的动态联动关系在不同位置会产生征召与动员效应、驱动效应与协同效应。在合作网络发起环节,政府、社会力量、网络发起者等行动者基于资源依赖关系与目标共识,选择协同治理策略,产生征召与动员效应。在征召环节,在关键行动者的征召下,行动者因为资源的稀缺性而互相吸引,采取主动征召行为,或者被动接受征召;在动员环节,关键行动者上升为整个协同治理策略的推动者,以政策和权力机制为支撑,促进其他行动者的聚集,更多的行动者在征召与被征召的过程中并入聚集队列。在合作网络形成环节,个体聚集标志着合作网络的形成,此时协同效应尚未产生,仅对个体的无序行为具有缓解作用。协同效应的产生直接受到形成后合作网络特征的影响。各主体在聚集后产生对服务治理共同体的初步认同,但由于各个主体间缺乏合理的联结方式、信任感以及共同机制,基于对联合策略的认同与"未来被边缘化"的风险感知,主体的行为仅仅受到聚集平台部分的约束与限制。单一个体的点式聚集与松散结构使利益相关者产生了网络治理的迫切需要,对合作网络特征呈现产生驱动效应。当合作网络呈现出一定的合作网络结构、合作网络关系、合作网络治理机制特征后,协同效应才会产生,协同治理绩效才能实现,即合作网络取得了效果。

资源依赖理论为公共服务合作网络的发起与初步形成提供了理论基础。该理论认为任何组织都不是完全自主的,会受到外部环境的制约,尤其需要依赖其他组织来提供一些极其重要的资源,从而获得存续与发展[236]。组织发展离不开资源,不同组织资源禀赋、所拥有的资源在社会中的重要性、使用资源的自主性与替代性、资源的可获得性均不相同,为了克服这种制约,多数组织倾向于采取一些行动减少由于资源特性所带来的发展限制。调整组织间安排是重要的方式,比如董事会连锁、联盟、合营企业、供应链关系、外包、内包、兼并与收购等[237],公共服务的组织间合作也被包含其中。因此,公共服务合作网络发起可被看作是组织为了避免由于外部环境动荡带来的资源短缺,通过组建联盟的方式将其他组织资源纳入自身可控的范围中，以此降低资源约束的威胁和由于依赖带来的不确定性。资源依赖理论揭示了公共服务合作网络形成的前因条件，同时也解释了组织能够通过合作获取外部资源实现绩效的原因。同样，目标共识也是合作的必要条件，资源的共享与交换是建立在利益相关者的多元目标取得平衡的基础上的[238]，即资源依赖与目标共识会促成合作网络形成[239]。因此，本书将公共服务合作网络发起环节描述为“两个及以上公共服务治理主体基于资源依赖关系识别共同目标，达成共识，进而选择协同治理策略”的逻辑线。具体解释为：协同治理是公共服务治理的相关组织为了弥补自身不足而选择的发展策略，资源依赖是协同治理产生的前提条件。为了生存与实现公共服务目标，这些组织需要资源，而它们自己通常不能自己生产这些资源。基于资源依赖程度的判断，会选择其他组织作为合作伙伴，公共服务合作网络形成[240]。

社会网络理论为公共服务合作网络形成提供了理论基础。基于该理论，本书将合作网络特征划分为网络结构、关系质量与网络治理机制。社会网络是社会行动者及其关系的集合，与其他关注个体特征的理论不同，该理论关注网络中行动者的结构特征与联结关系，与协同治理合作网络中的参与者互动具有一致性。社会网络理论的核心内容包括两大分析要素，分别为关系要素和结构要素。关系要素着重分析行动者之间的联系强弱与紧密程度，结构要素着重分析行动者的位置特征。这两大要素在网络中通过影响资源流动的方式和效率，对行动者个体或整个网络绩效产生重要影响[241]。此外，只要合作网络存在，公共服务参与者的机会主义就不可避免，需要通过对主体进行引导和规范，实现资源的有效配置与参与主体间的良好关系。网络治理机制是一系列契约、规则与社会规范的总和，通过对网络成员进行正式的或非正式的制约、调节、激励与约束，对参与主体的活动进行管控，并减少机会主义风险，是降低交易成本、促进合作关系持续的工具之一[242]。因此，网络治理机制可促进网络资源有效配置，减少与稀缺资源相关的不确定性，是合作网络平稳、有序、高效运行的先决条件和基础[243]，并最终影响网络中组织的活动和结果[244]。基于 SFIC 模型提炼的合作网络要素与基于理论推导的合作网络结构、网络关系与网络治理机制三个特征具有一致性，图 3－2 框架中主体间信任关系、主体间承诺与面对面协商均是网络关系的部分维度，而网络制度是网络治理机制的维度之一。

协同治理理论、组织学习理论可为协同治理绩效实现提供充分解释。协同治理绩效不同于对单一组织绩效的测量[245-246]，是指从协同关系中获得的利益水平[247]，即多个组织协同所产生的业绩、效率和效果。协同治理绩效是对合作网络效果的衡量，包括直接绩效与间接绩效。协同治理理论强调多元主体通过合作网络完成单一主体无法实现的目标的持续过程，共同目标的导向性是协同治理内涵的应有之意，共同目标的实现是公共服务合作网络产生、存续所要实现的直接结果，是网络形成的先决条件与直接目标，称为直接绩效[248]。此外，依据组织学习理论，组织可通过合作网络超越自身边界获取、更新知识而提升组织能力。组织学习源可分为组织内部和外部学习源，外部学习源是指通过对外部环境的关注，获取存在于组织范围之外的既存知识并将其内在化[249]。合作网络使组织暴露在新思想、新信息和机会面前，组织会识别并获得对运营产生关键作用的外部知识，进而对其进行分析、处理和阐述，参与主体在不断学习中经验积累，并根据所学到的新知识、经验等改变自身的结构与行为，在适应过程中发生整体性的演化，有助于提升组织能力，获得除共同目标以外的额外绩效，即间接绩效[250]。

三、医养结合服务合作网络形成及其对协同治理绩效影响的理论分析框架

公共服务合作网络形成及其对协同治理绩效影响的理论分析框架基于多个成熟理论推导而构建，具有普适性，可适用于医养结合服务协同治理。本部分结合医养结合服务协同治理的现实语境，构建并解释适用于我国实践情境的医养结合服务合作网络形成及其对协同治理绩效影响的理论分析框架。医养结合服务合作网络形成及其对协同治理绩效的影响过程以合作网络发起为起点，以合作网络形成为核心，以协同治理绩效实现为终点，包括医养结合服务合作网络形成机理、医养结合服务合作网络对其协同治理绩效的影响机理。

（一）医养结合服务合作网络形成机理

1. 医养结合服务合作网络形成的核心条件

医养结合服务合作网络形成的核心条件之一为资源依赖关系（合作网络发起环节）。任何组织均不能自给自足生产出自身所需的所有生产资料，均需要从周围环境中获取资源。养老机构、医疗结构、政府、社区、社会组织同样不能脱离对环境

的依赖而独立存在，它们由于资源禀赋不同，兼具参与医养结合服务供给的优势与不足，资源不足使其产生对其他相关主体的依赖性。养老机构是我国养老服务供给的重要场所与载体，享受多种中央与地方的养老扶持政策，在养老服务运作模式、服务理念与服务规范性上具有丰富的经验，其功能与角色得到一定的社会认同。随着我国老龄化程度的加剧，养老机构数量增多，管理逐步规范化，但多数养老机构存在运营资金不足、护理人员缺乏、人才素质不高、无法满足老年人照护与日常健康管理的问题。医疗机构承担包括老年人在内的各个群体的健康服务，具备专业资源优势与社会角色认同优势。目前我国医疗资源总量相对不足，分布不均衡，加之在老龄化背景下，老年人群慢性疾病发病率持续增高，我国医疗机构承受了较大的压力。政府具有养老服务发展专有的政治资源，为养老服务发展提供制度设计与财政支持，决定其他养老服务主体的合法性。“老有所养”是政府履行民生保障责任的重要任务，但受限于经济发展水平，我国财政尚无力承担庞大的养老费用，同时养老制度设计、基础建设均需进一步完善。社区具备提供养老服务的合法性与社会认同优势。作为基层社会治理的基本单元，社区为老年人提供居住、生活、社会参与和权益维护等服务。基于中国社会重视家庭、亲子与邻里情感的历史文化基础，老年人对社区养老具有较大的社会认同感。由于政策不完善、专业人员匮乏、医养结合基础设施不完备等因素制约，当前社区治理体制尚不能满足老年人养老、医疗的客观需求。社会组织具有非营利性、公益性与志愿性的特征，可充分调动社会资源使其参与到医养结合服务的递送与管理过程中，直接为老年人提供服务或承担服务资料收集、资源整合以及项目评估、专业培训等工作，提高服务的供给效率[251]。社会组织内部治理能力薄弱、行政化特征明显、运营资金缺乏、专业化服务能力较弱、公共服务角色的社会认同度低等不足也极大地阻碍了其参与养老服务供给[252]。当养老机构、医疗结构、政府、社区、社会组织凭借自身力量无法克服不足并解决医养结合服务供给矛盾时，彼此间的资源依赖性增强。

医养结合服务合作网络形成的另一个核心条件为主体目标共识（合作网络发起环节）。资源依赖是个体间关系的客观状态，而目标共识是以纽带或桥梁的作用把个体与其他个体关联在一起的直接力量。目标共识是指主体将所达成的共同目标作为合作网络的核心目标，使组织的活动更加具有导向性[253]，使成员或联盟参与者产生更多的融入感、使命感[254]。养老机构、医疗机构、政府、社区、社会组织等互为医养结合服务的利益相关者，均为实现自身组织目标考虑。它们基于自身诉求与利益关系，以共同目标为基础，促进合作网络的形成与良性发展，从而实现其共同期望的医养结合服务治理结果，获取共同利益。医养结合服务参与主体的目标共识之一是服务得到更多老年人的认可，老年人的满意度提升。

2. 医养结合服务合作网络形成过程

医养结合服务合作网络形成以主体间合作协议签订为标志，合作网络发起环节的治理主体资源依赖性与目标共识促进了合作协议的签订。具体形成过程为：养老机构、医疗结构、政府、社区、社会组织的资源依赖与目标共识均为主体间互相聚合的"引力"，其优势是可吸引其他主体向其聚合，不足是其向外部主体聚合。上述治理主体具有适应性、主动性与能动性等特点，当凭借自身力量无法解决医养结合服务供给矛盾时，各主体会依据自身所处环境解决问题，寻求新的发展道路。协同治理是其有效发展策略之一，可弥补各主体的资源劣势，实现不同参与者在医养结合服务治理中的角色保持与责任承担，使各个主体向更加优化的方向发展，实现共同目标。

资源依赖关系与目标共识对医养结合服务潜在治理主体产生征召与动员效应。在征召环节，政府与养老机构是关键的行动者。政府是承担养老服务供给的首要责任主体，迫切需要解决当前医养结合服务的供需矛盾；养老机构是承担社会养老服务的重要载体，其发展受限于资金不足、管理效率较低、照护服务缺失等问题，二者对提升养老服务质量、提升老年人养老满意度具有比较强烈的意愿。在政府与养老机构的征召下，医疗结构、社区与社会组织被政府、养老机构的优势资源所吸引，被动接受征召。此外，政府还会凭借权力使用政策工具，成为整个协同治理策略的推动者，动员其他相关组织加入医养结合服务合作网络。

基于医养结合服务合作网络形成的核心条件与过程分析，本书提出研究假设：资源依赖关系与目标共识作为核心条件，结合其他相关条件，可对医养结合服务合作网络形成产生促进作用。本书将在第四章对这一假设进行进一步的理论论证与实证检验。

（二）医养结合服务合作网络对其协同治理绩效的影响机理

1. 医养结合服务合作网络特征维度

依据社会网络理论，由于结构、关系与治理机制不同，不同类型、不同发展程度的合作网络特征呈现出差异化特征，因此可从网络结构、网络关系与网络治理机制维度测量合作网络特征。网络结构着重分析政府部门、养老机构与医疗机构等主体的位置特征，它是指参与者在一个或多个领域范围内产生合作所形成的关系分布特征与客观存在的联系，包括网络规模、网络联系与网络稳定性。网络关系着重分析主体间的关系紧密程度与强度特征，其中关系质量是合作网络关系水平的客观评价，通常包括信任、承诺等核心维度。网络治理机制着重分析引导与规范主体行为正式与非正式的制约、调节方式特征，包括契约治理机制与关系治理机制。

2. 医养结合服务合作网络对其协同治理绩效的影响过程

医养结合服务合作网络在网络结构、网络关系与网络治理机制的相互作用下，影响其协同治理绩效。政府、养老机构与医疗机构等主体间具有不同的联结关系，形成不同的合作网络结构；互动方式与互动频率形成不同的合作网络关系；治理机制通过非正式沟通、问题协调与情感支持等方式促进良好网络关系的建立[255]。合作网络需要相应的治理机制约束网络成员的行为，防止治理主体如养老机构与医疗机构等，利用信息不对称用低质量的医养服务、形式化的基础设施或是“搭便车”行为获得国家的补贴与优惠政策。其中：契约治理机制是不同行动主体间一致同意的、有关协同治理具体事项安排的一系列机制或方案，是一整套完整的、综合的安排，既包含对养老机构、医疗机构等收益、成本的具体分配，也包括其在服务供给中的责任与风险分担，可对服务过程进行有效监督，对违规者进行惩罚，以促进服务效益的实现[256]。关系治理机制是服务核心主体通过使用协调关系的技巧，投入大量的情感，以增进主体间的互信与互惠承诺，减弱养老与医疗等资源的交换风险。治理机制反过来又促进主体间相互理解、信任和承诺的达成程度及过程等关系质量的提升。合理的网络结构、良好的网络关系与网络治理机制是医养结合服务合作网络产生协同效应、提升协同治理绩效的关键性因素。

基于医养结合服务合作网络特征维度与其对协同治理绩效的影响过程分析，本书提出研究假设：医养结合服务合作网络结构、网络关系与网络治理机制可对其协同治理绩效产生促进作用。本书将在第六章对这一假设进行进一步理论论证与实证检验。

医养结合服务合作网络形成及其对协同治理绩效影响的理论分析框架如图3－4所示。

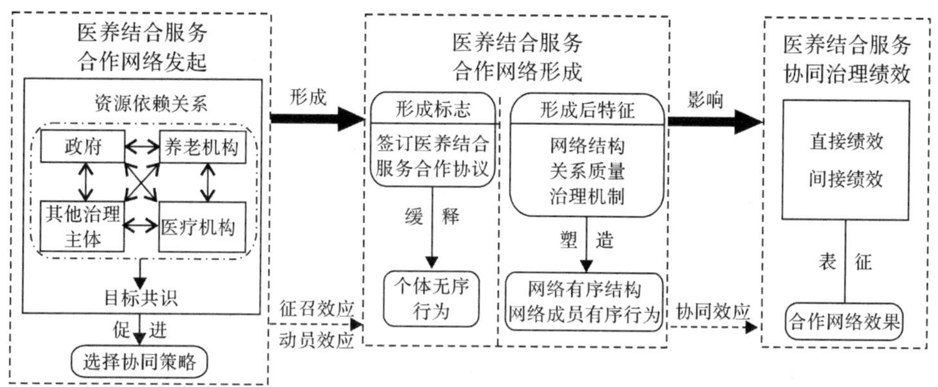

图 3-4 医养结合服务合作网络形成及其对协同治理绩效影响的理论分析框架

第二节 研究设计

一、实证分析思路与研究方法

围绕解答“推进医养结合服务协同治理，提升其协同治理绩效”问题，依据理论分析框架中“医养结合服务合作网络发起—医养结合服务合作网络形成—医养结合服务协同治理绩效”的过程逻辑展开本书的实证研究。具体内容包括以下几方面。

（一）分析医养结合服务合作网络形成条件

合作网络是多元主体整合医疗资源与养老资源的平台，合作网络形成是医养结合服务协同治理的基础，研究该服务合作网络形成条件，是探索其协同治理格局形成的必要步骤。本书通过选取典型案例、收集访谈资料，运用扎根理论方法构建医养结合服务合作网络形成分析框架；依据框架，收集调研对象的情景条件、触发条件与使能条件资料，运用定性比较分析方法识别合作网络形成的核心条件及其组态。

（二）测度医养结合服务协同治理绩效

医养结合服务协同治理绩效测度方法与测度结果可为下一步合作网络对协同治理绩效影响研究提供测度方法与数据支持。本书通过实地调研，围绕医养结合服务协同治理的预期结果、治理过程与实际结果等方面收集数据，运用扎根理论方法识别其绩效测度维度；参考已有成熟量表，在专家和访谈资料的基础上设计直接绩效、间接绩效量表，并对量表进行探索性因子分析与验证性因子分析；基于量表，设计问卷，进行实地调研与数据收集，采用描述性统计方法依次分析医养结合服务协同治理直接绩效与间接绩效情况。

（三）验证与揭示医养结合服务合作网络对其协同治理绩效的影响机制

二者关系是探索提升医养结合服务协同治理绩效路径的关键步骤，它可为解决协同治理效果不佳问题提供直接参考。本书第四章关注医养结合服务合作网络形成的前因条件，重点厘清合作网络形成的机理。形成后的合作网络由于网络规模、联系、关系质量与治理机制的差异，会对医养结合服务协同治理绩效产生不同影响。第六章关注形成后的医养结合服务合作网络的差异化特征及其对协同治理绩效的影响机理。“医养结合服务合作网络形成”与“医养结合服务合作网络对其协同治理绩效的影响研究”是医养结合服务协同治理过程中的两个关键环节，也是需要探索的核心问题，二者具有前后延续性。本书基于理论分析框架构建，运用结构方程模型方法分析医养结合服务合作网络多元特征对协同治理绩效产生影响的路径与机理。具体包括：通过借鉴、修正国内外相关研究的成熟量表构建医养结合服务网络结构、治理机制、关系质量与协同治理绩效的测量量表，并对变量进行操作化；通过调研对象与区域选择、抽样与实地调研收集数据；通过正态检验与信效度检验、结构模型拟合与修正、稳健性检验等验证研究假设。具体研究内容与研究方法如表 3－1 所示。

表 3－1　实证分析章节研究内容与研究方法

章节安排	研究内容	研究方法
第四章	医养结合服务合作网络形成	扎根理论、定性比较分析
第五章	医养结合服务协同治理绩效测度	扎根理论、探索性因子分析与验证性因子分析、描述性统计分析
第六章	医养结合服务对其协同治理绩效的影响分析	验证性因子分析、描述性统计分析、结构方程模型

二、数据来源

本书从医养结合服务协同治理过程视角开展实证研究，同时依据不同的研究内容与研究方法，将数据收集分为两个部分。在协同治理格局形成前，对应第四章，围绕“医养结合服务合作网络如何形成”设计调研方案与收集数据；在协同治理格局形成后，对应第五章、第六章，围绕“医养结合服务合作网络如何影响协同治理绩效”设计调研方案与收集数据。

本书通过对调研对象、调研区域进行限制，以准确获取数据。本书研究的问题关于医养结合服务协同治理绩效，因此选取医养结合服务协同治理核心主体——医养结合机构与医养结合服务中心（为简化表述，下文统称为医养结合机构）作为调研单位。医养结合服务协同治理绩效强调基于协同治理基础所产生的医养结合服务治理效果的测量，包括共同目标的实现程度与通过协同关系产生的附加绩效，可划分为直接绩效（合作层面）与间接绩效（单一主体层面与其他收益）。机构高层、中层管理人员，即机构负责人、总经理、医护部主任、服务部主任等是在实践中参与医养结合服务协同治理的关键主体，亦是对合作前因、合作过程与协同治理绩效具有最直接、最深入了解的核心个体参与者，他们充分掌握着机构服务对象体验的相关数据，因此本书限定被调查对象为上述主体，并辅以老年人及其家属的访谈资料对具体案例进行分析。

考虑不同地区样本代表性与样本可得性等因素，基于医养结合服务政策发展、实践进程、合作网络特征与绩效水平的区域代表性，本研究选取广州市、西安市进行问卷调查与访谈资料收集。①广州市、西安市医养结合服务政策发展与实践发展程度存在差异，分别代表我国医养结合服务发展较快和相对缓慢的两个区域。②预调研结果显示，整体上我国医养结合服务协同治理绩效略高于一般水平，尚未达到良好。以广州为代表的东部地区绩效水平高于整体水平，以西安为代表的西部地区绩效水平低于整体水平，绩效水平呈现高、低差异化特征。此外，广州市合作网络规模、网络联系、网络稳定性、契约治理机制、关系治理机制与关系质量水平均高于西安市与全区域样本均值，达到较高水平，西安市合作网络的各项指标均低于全样本的均值，未达到一般水平，合作网络呈现成熟、一般的差异化特征。因此，广州市、西安市可代表全国不同发展阶段的医养结合服务协同治理实践，从两市获取的医养结合服务协同治理相关数据具有一定的代表性。

广州市是我国第二批国家级医养结合试点城市之一，医养结合服务发展较快，为推动全国医养结合服务高质量发展积累了先进经验。2016年至今，广州市相继出台了《关于进一步深化社区居家养老医养结合服务的实施意见》(穗卫家庭〔2018〕6号)、《关于深入推进医养结合工作的若干措施》(穗卫〔2020〕3号)，完善了医养结合政策体系，已形成了医养结合工作联席会议制度、医养结合动态监测工作机制、医养结合项目政策支持规范、医养签约服务规范等。同时，广州市积极探索、推进医养结合实践，取得了良好效果。截至2019年底，广州市医养结合工作机制基本建成，老年健康服务体系显著发展。全市具有医养结合服务功能的养老机构覆盖率达85%以上；全市居家老年人家庭医生签约服务人群覆盖率为65.74%，65周岁以上老年人健康管理率为42.11%；全市107个街镇建立医养服务合作关系，为248家社区居家服务机构提供医疗卫生服务[257]；推进社区护理站试点项目，已建成社区护理站104家；积极推动"互联网+护理服务"居家社区医养结合，建立家庭养老床位147张；推进长期护理保险工作，设立长期护理协议定点服务机构97家；率先实施高龄重度失能老年人照护商业保险，为符合条件的老年人提供37项基本生活照料服务和30项医疗护理服务项目待遇；引导社会力量为社区居家老年人提供上门护理、康复护理等基本医疗服务[258]。

西安市是我国第二批国家级医养结合试点城市之一，医养结合服务有一定的发展，逐步开始带动陕西省医养结合服务的发展。相比广州市，西安市医养结合服务发展相对缓慢。2015年至今，西安市相继出台《关于加快发展养老服务业的实施意见》(市政发〔2015〕23号)、《关于推进医疗卫生与养老服务相结合的实施意见》(市政办发〔2016〕78号)，并推进《西安市社会养老服务促进条例》立法编制工作。之后，西安市建立医养结合工作联席会议制度，积极推进医养结合试点。截至2019年底，西安市医养结合机构占养老机构总数的45%，社区居家养老服务站与卫生服务机构签约率为33.4%[259]。医养结合中相关保险政策、行业标准、服务规范尚在规划。

第四章采用扎根理论与定性比较分析方法分析医养结合合作网络的形成条件。依据两种方法要求与研究目的筛选案例，并通过访谈与问卷的方式收集案例资料。最终得到包含39个案例的案例库，其中属于医养结合合作网络形成的案例样本 23 个，医养结合合作网络未形成的案例样本 16 个。39 个案例的情境条件、触发条件与使能条件情况构成此章节的数据来源。

第五章、第六章研究关于医养结合服务合作网络形成后的协同治理绩效测量及其影响因素分析。首先，选取医养结合服务协同治理核心主体——医养结合机构与医养结合服务中心作为调研单位，并限定被调查对象为对医养结合服务有深入、详细了解的机构高层、中层管理人员，即机构负责人、总经理、医护部主任、服务部主任等。其次，因考虑不同地区医养结合服务发展阶段差异，考虑样本代表性与样本可得性等因素，采取分阶段抽样方法，从东部、西部地区分别抽取处于不同医养结合服务发展阶段的市级单位、市级单位中不同发展水平的区级单位、地区中的医养结合机构作为样本。再次，对医养结合机构的负责人、主管医护工作或医养服务工作的中、高层管理人员进行半结构访谈并发放问卷。最终共收集 355 份问卷，问卷中协同治理绩效、网络结构、治理机制与关系质量等得分情况构成第五章、第六章的数据来源。

第三节　本章小结

本章通过对 SFIC 模型的修正，结合医养结合服务协同治理的现实语境，构建并解释适用于我国实践情境的医养结合服务合作网络形成及其对协同治理绩效影响的理论分析框架。框架包括医养结合服务合作网络发起、合作网络形成与协同治理绩效实现 3 个环节，并厘清各个环节的核心要素及其互动关系。在医养结合服务合作网络发起环节，治理主体的资源依赖性与目标共识促进了协同治理策略的选择。医养结合服务合作网络形成以主体间合作协议签订为标志，之后在合作网络结构、关系质量与网络治理机制的相互作用下，协同效应产生，协同治理绩效得以提升。同时，基于分析框架，本章介绍了本书的实证研究策略、研究方法与各个章节数据来源情况。

第四章

医养结合服务合作网络形成

本章分析了医养结合服务合作网络是如何形成的，主要回答哪些条件及其组态促进了医养结合服务合作网络的形成。这一问题的解答是促进医养结合服务协同治理格局形成的前提。

第一节　医养结合服务合作网络形成理论分析框架构建

一、质性资料的扎根理论分析

（一）研究方法

本书采用扎根理论方法进行医养结合服务合作网络形成的核心范畴分析。扎根理论属于质性研究方法之一，适用于研究“是什么”“怎么样”的问题，其核心原则为直接从实际经验资料中获取概念、范畴与理论，强调研究者对实际观察、深度访谈等原始资料进行提炼概括，对问题进行探索性研究。扎根理论过程包括三个步骤：开放式编码、主轴编码与选择性编码。开放式编码是指对原始文字资料逐字逐句进行分析、概括和命名，形成初始概念，概念之间相互独立的过程。主轴编码是指在开放式编码的基础上发现和建立各范畴之间的联系，进一步识别、对比、获取高阶范畴的过程，它对应本书的节点类别划分与构成维度形成部分。选择性编码是指从主范畴中进一步挖掘可统领“故事”的核心范畴，基于质性数据形成具有解释力的理论，通过建立与把握范畴之间的联系，来整合、建构、形成和呈现研究发现的过程。

（二）调研对象

遵循本书对医养结合服务合作网络与协同治理的定义，访谈对象主要为参与医养结合服务合作的养老机构与主管医养结合服务协同治理的政府工作人员。在养老机构中，选择机构负责人与参与医养结合服务协同治理的核心管理人员为访谈对象。在政府机构中，选择民政局领导与医养结合服务协同治理负责人为访谈对象。围绕访谈对象所在单位加入医养结合服务合作网络的原因或单位所处合作网络形成的条件进行深入交谈。

（三）数据收集

基于总体数据获取方案中所选择的广州市与西安市区域，本书基于民政局推荐与新闻、政策资料验证，选取具有典型性的案例资料，在两市各选取数个有代表性的养老机构与政府部门，共计 37 人的深度访谈，共获取 30 万余字的访谈资料，具体访谈人员情况如表 4－1 所示。表 4－1 显示，被访谈单位涉及民政局、社区居委会、医养结合养老机构与医养结合服务养老中心，基本覆盖了与医养结合服务相关的单位。受访者年龄普遍在 30～50 岁，为机构高层管理者或政府部门养老服务的核心负责人，担任职位均与医养结合服务密切相关，可提供真实、丰富的医养结合信息。

表 4－1　访谈对象基本情况表

市	样本编号	单位	访谈对象身份	年龄	性别	受教育程度	政治面貌
广州市	1	A 区 ** 养老机构	老人康护中心院长	39	男	本科	党员
	2	A 区 *** 养老院	护理部主任	36	女	大专	群众
	3	B 区 ** 养老机构	老年人医养结合服务部负责人	28	女	本科	群众
	4	B 区 ** 街道养老服务中心	负责人	27	男	本科	党员
	5	C 区 ** 街道居家养老服务中心	服务中心负责人	30	女	本科	党员
	6	C 区 ** 颐园养老机构	康复医疗中心负责人	40	男	大专	群众

续表

市	样本编号	单位	访谈对象身份	年龄	性别	受教育程度	政治面貌
广州市	7	C区**颐园养老机构	康复部主任	55	男	本科	党员
	8	C区**街道居家养老服务中心	护理部主任	37	女	大专	群众
	9	D区**街道综合养老服务中心	负责人	30	女	大专	群众
	10	E区**颐养院	护士长	50	女	大专	党员
	11	E区**养老院	院长	42	女	大专	群众
	12	E区***养老院	院长	45	男	研究生	党员
	13	E区**街道养老服务中心	护理院负责人	30	女	本科	群众
	14	E区民政局	局长	56	男	本科	党员
	15	F区***护老院	护士站主任	51	女	本科	群众
	16	F区***护老院	医养结合服务对接员	31	女	大专	群众
	17	F区民政局	居家养老服务中心主任	40	女	本科	党员
	18	F区居家养老服务中心	负责人	31	女	本科	党员
	19	G区**街道综合养老服务中心	负责人	34	女	本科	群众
	20	G区**养老院	护理部负责人	42	女	大专	群众
	21	G区民政局	主任（主管社区居家医养结合服务）	39	女	本科	党员

续表

市	样本编号	单位	访谈对象身份	年龄	性别	受教育程度	政治面貌
西安市	22	A 区 ** 养老院	行政院长	31	女	大专	群众
	23	A 区 ** 介护机构	负责人	60	女	大专	群众
	24	A 区 ** 养老机构	负责人	46	女	大专	群众
	25	A 区 ** 社区居委会	养老服务管理者	32	女	本科	党员
	26	B 区 ** 养老服务中心	负责人	46	女	本科	党员
	27	B 区 ** 养老院	经理	42	男	大专	群众
	28	C 区 ** 护理院	院长	46	女	大专	群众
	29	C 区 ** 爱心护理院	院长	51	女	本科	党员
	30	C 区 ** 街道社区居委会	主任	48	男	大专	党员
	31	D 区 ** 养老机构	负责人	36	男	大专	群众
	32	D 区 ** 街道社区居委会	主任	45	女	大专	党员
	33	E 区 ** 长者屋	行政院长	36	女	本科	群众
	34	E 区 ** 养老院	院长	43	女	大专	群众
	35	E 区 ** 街道社区居委会	主任	45	男	大专	党员
	36	F 区 ** 护理院	院长	46	男	大专	群众
	37	F 区 ** 医养中心	负责人	39	男	大专	群众

(四)编码过程

1. 开放式编码

对每一个案例访谈资料设置相应的编号，使用 MAXQDA 软件对导入资料的段落、句子、词语与其相应内容进行思考、斟酌与分析。首先，以“医养结合服务合作网络形成条件”为问题核心，定位与提取案例资料中反复出现的与主题相关的意义单元；其次，对文本资料中词语、句子的部分或全部进行编码，生成初始节点。

在本部分的数据分析与开放式编码中，我们采用包含相对独立完整信息的语句作为节点，将通过对句子的归纳总结所得的完整意义的语句作为节点的表述。焦点小组成员有 3 人，3 位成员共同参与编码。在编码过程中，3 人独立编码。经过 3 位编码者的独立编码，共形成了 389 节点。之后，焦点小组对独立编码结果进行了讨论与分析，对意义具有相似性的内容进行去重归类，删除与“医养结合合作网络形成条件”无关的编码，得到 337 个节点。部分代表性编码如表 4-2 所示，具体编码见附录 A。

表 4-2 医养结合服务合作网络形成条件开放式编码过程与结果(部分代表性编码)

原始资料语句	概念化	范畴
18(043—045)医养结合服务市场前景广阔，因为我们的社会已经迈入了老龄化阶段……所以说银发经济越来越明显。 22(030—032)这个是绝对可以肯定的，一定会是这样子的，因为说实在的，我们已经步入了养老社会。	老龄化到来，养老市场前景广阔	市场环境
12222 有，周边老年人多得很。 04012 我觉得首先是我们辖区处在老城区，这个辖区的房子都比较旧，居住的老年人比较多。	周边有较多老年人	
02095 政府对我们建设运营的政策是支持的。 08(015—016)成立护理院以来，我们了解到的养老行业趋势和国家政策比较多一些，然后跟着就开发了各种项目。 20(057—058)还有第 4 点就是关于医养结合政策方面的一些指引，这些是政府目前做得较好的方面，而且对我们帮助力度是很大的。	政策引导	政策环境
03015 国家现在对养老是非常支持的。 03005 目前在医养这一块吧，国家政策对咱们也特别支持，民政部门也特别支持。	政策支持	
23(028—029)像这个社区老年人的文化程度高一些，他们的收支水平也高一些，不像××厂社区，它是厂矿的社区，住的都是厂矿的老年人，就这两个社区老年人对比的话，我觉得××厂社区的老年人更好一些，他们更能接受这些服务。	考量区域老年人教育水平与经济水平	社会环境
03(046—047)现在好多老人，他们的观念已经有一定的改变了，他们有些人选择养老机构，还有一些人，他们几个人关系好，就租个房子一块住，互相有个照应，有个说话的，这样心情也好。	老年人观念发生转变，开始接受非家庭养老服务	

续表

原始资料语句	概念化	范畴
03007 在这儿住的话，(老年人)又能养又能医，对子女、对老人都省心。 22(162—163)Q：咱们这里送老年人来的家属，对医养结合的这种方式认同吗？A：还好。	老人及其家属认同医养结合方式	
10036 是街办在协调社区和我们之间的关系，对接场地和服务项目。 09013 这个机构好像应该也挺长时间了，应该是跟咱们区上也有联系。	合作前，管理者与街道、社区或其他政府系统管理者的关系	政府关系资本
03157 比如说那天孙经理说他要找医院，我说那你就找我们医院嘛，找我们医院我能熟一点，这也是一个选择嘛。 08013 我们这儿的老板他本来就是中医院的。	合作前，管理者具有私人医疗资源关系	非政府关系资本
24305 所以说，要建立这样的机构，管理者的思想观念和他对接的一些资源是很重要的。不要随便就去建这样的机构。 16(192—193)我们主要是跟一家 IT 企业合作，像我们的系统都需要它来维护。这家公司主要是朋友关系，要不然我们也养不起。	管理者私人资源推动医养结合合作	
24(120—121)可能这个机构和社区已经绑定了，有问题了就可以去找社区。	需要社区宣传	
06022 单纯的养老靠企业来做呢，真不现实。 13026 如果没有社区、没有政府的支持，他们(老年人及其家属)就觉得你是个骗子。	单个主体资源有限，需多方合作推进医养结合	
01(062—063)目标就是把养老这块做大、做强、因为现在中国的养老是初步阶段，而且也没有一个具体的统一的标准，所以就是做大、做强、做好、做规范。 07(073—074)满足老年人的需求，算是咱们的一个共同目标吧。 16(026)我们都是想为老年人提供更好的服务而进行合作。 03113 其实对于合作我觉得大家都是有共鸣的，对大家也都是有一定的好处的。	合作方存在相同的目标 合作方存在共鸣	目标共识

2. 主轴编码

在开放式编码后，对已有范畴进行主轴编码。首先，本书的3位编码者对开放式编码所得的所有节点与范畴进行再次整理，分析各个范畴所描述的概念层次、所包含的节点及其特征。其次，剖析各范畴之间的相互关联，进一步对范畴层级、维度以及特征进行归类。本书3位编码者经过3轮的讨论和完善，将7个子范畴最终归纳形成了3个主范畴。

(1)情境条件主范畴的形成。质性资料显示被访谈者在描述医养结合服务合作网络形成的原因时，提到机构(养老服务中心)所在区域的老龄化程度、老年人口数量与未来的养老市场前景等因素。上述因素均属于市场因素，因此作者将上述因素归纳为市场环境。同理，通过分析质性资料，作者归纳出政策环境与社会环境两个维度。市场环境、政策环境与社会环境属于对所处外部情境的表述，进一步对比相关文献，作者发现上述三个维度与本书所选研究视角的理论具有高度一致性，均属于“组织-环境”匹配理论的情境维度。情境维度即机构所处的外部动态环境，会对合作网络的形成产生影响。基于此，作者将市场环境、政策环境与社会环境进行整合，组成医养结合服务合作网络形成的情境条件主范畴。

(2)触发条件主范畴的形成。质性资料显示在描述医养结合服务合作网络形成的原因时，大多数被访谈者强调医养结合服务供给为一个复杂的系统过程，政府、养老机构、医疗机构或非营利组织等单个主体受限于自身资源，无法独立完成医养服务，需依靠其他主体资源提供医养服务。部分被访谈者表示其所在机构未加入医养结合服务合作网络的原因是，机构自身具备一定的养老条件与医疗条件，可满足服务对象的医养需求，与其他主体合作提供服务的必要性小。上述两种情况均与“机构是否依赖其他主体的资源提供医养服务”这一焦点相关，因此，作者将上述两种情况所包含的要素归纳为资源依赖程度。此外，大多数被访谈者强调在形成合作网络前，合作方均会考量共同提供医养结合服务的目标是什么。若目标共识存在，机构才会选择加入合作网络。作者将其归纳为目标共识。资源依赖程度与目标共识是合作网络形成的直接因素[260]，作者将二者归纳为触发条件。

(3)使能条件主范畴的形成。质性资料显示合作网络形成前，机构中、高层管理者与民政、卫健委、街道办等政府部门领导存在的事务或私人关系可使机构节省挑选合适合作伙伴的时间成本、资金成本，使其快速、顺利地加入已有的合作网络，或促使其成为合作网络发起者，组建本区域内合作网络。作者将这一关系资源归纳为政府关系资本。此外，机构中、高层管理者与医院、护理员与社会组织等的事务或私人关系也可产生前述效应，作者将此种关系资源归纳为非政府关系资本。政府关系资本与非政府关系资本均属于机构是否能够如愿、快速加入医养结合服务合作网络的能力因素，作者将二者归纳为使能条件。

医养结合服务合作网络形成条件主轴编码过程及其结果如表 4-3 所示。

表 4-3 医养结合服务合作网络形成条件主轴编码过程及其结果

主范畴	子范畴	范畴间关系的内涵
情境条件	市场环境	市场环境是医养结合服务合作网络形成的情境条件之一，并影响合作网络形成
	政策环境	政策环境是医养结合服务合作网络形成的情境条件之一，并影响合作网络形成
	社会环境	社会环境是医养结合服务合作网络形成的情境条件之一，并影响合作网络形成
触发条件	资源依赖程度	资源依赖程度是医养结合服务合作网络形成的触发条件之一，并影响合作网络形成
	目标共识	目标共识是医养结合服务合作网络形成的触发条件之一，并影响合作网络形成
使能条件	政府关系资本	政府关系资本是医养结合服务合作网络形成的使能条件之一，并影响合作网络形成
	非政府关系资本	非政府关系资本是医养结合服务合作网络形成的使能条件之一，并影响合作网络形成

3. 选择性编码

选择性编码是指选择核心范畴，并系统地在范畴之间建立联系，验证其相互间关系，补充完整尚未发展完备的范畴，并以“故事线”的形式将支离破碎的概念重新聚拢在一起的过程[261]。本书将“医养结合服务合作网络形成条件”确定为核心范畴，故事线梳理如下：养老机构作为医养结合服务的核心供给载体，是否加入合作网络与其所处的情境条件、触发条件与使能条件相关。情境条件是机构加入医养结合合作网络的环境压力或动力，属于外部条件。触发条件是机构加入医养结合合作网络的直接推动力，与自身对外界资源依赖程度、是否与其他主体存在目标共识相关；使能条件则是机构加入医养结合服务合作网络组织的能力动因，即机构整合、重构内外部资源进而快速寻找路径加入合作网络的能力条件，触发条件与使能条件均为机构的组织内部条件。

4.饱和度检验

为了检验医养结合服务合作网络形成条件的理论饱和度，本书对剩余的两个案例文本资料进行编码、概念化和范畴化，并未发现新的概念，已有的范畴之间也并未出现新的关联。由此表明医养结合服务合作网络形成条件已被充分挖掘，可以认为该理论具有良好的饱和度。

二、理论分析框架

基于扎根理论分析，本书构建了医养结合服务合作网络形成理论分析框架。该框架是组织变革理论在医养结合服务合作领域的应用，提供了一个将参与主体环境和主体合作网络动态联系起来的变革模型，为理解养老机构组建或加入合作网络的行为选择提供了思路。依据组织-环境匹配理论，合作网络形成是环境特征与参与主体特征相互作用的产物。环境特征被视为外部条件，包括市场压力与制度压力；主体特征为内部条件，包括利益、价值、权力依赖和行动能力等，上述条件相互作用，从而推动组织产生变革意向与行为[262]。其中，行动能力是一种使能条件，影响组织变革的发生及其速度[263]。资源依赖理论补充了组织-环境匹配理论，该理论强调当外部存在市场压力或制度压力，只有认识到自身资源不足的弱点时，组织才会产生变革[73]。此外，对共同目标以及如何达到目标的清晰理解与共识，也会增加组织信心，快速推进变革[264]。

基于扎根理论分析结果，结合组织-环境匹配理论与资源依赖理论，本书将医养结合服务合作网络形成视为养老机构等主体为应对环境压力所进行的组织变革结果，在医养结合服务合作网络形成场景下，外部条件为组织发展的情境条件，内部条件包括触发条件与使能条件。情境条件包含市场需求环境、政策环境与社会环境 3 个子条件，触发条件包含资源依赖程度与目标共识 2 个子条件，使能条件包含政府关系资本与非政府关系资本 2 个子条件。2 个及以上的子条件通过组合、匹配，以条件组态形式促进医养结合服务合作网络形成。养老机构所处的外部条件与所具备的组织内部条件共同构成医养结合服务合作网络形成的条件系统，当养老机构为适应不断变化的外部环境时，外部条件与内部条件相互交替、共同推动医养结合服务合作网络的形成。

情境条件是指源自养老机构外部，由政策、市场和社会三大要素构成的条件体系。当养老服务市场需求增大，在政策引导与推动下，同时所处区域的老年人及其家属对医养结合服务具有一定认同度时，医养结合合作网络的有利外部条件体系形成。其中，政策环境是指政府为医养结合服务合作的主体所提供的制度环境和财政支持；市场环境包括所在区域医养结合服务需求，当市场需求大，而养老机构难以有效回应服务对象需求时则产生与其他主体合作的动力；社会资源是指除去政府和市场因素外，良好的社会氛围对医养结合服务合作网络产生影响的条件要素。

内部条件是参与主体内部产生的推动医养结合服务合作网络形成的条件。资源依赖程度是合作网络形成的关键触发条件，医养结合服务供给主体资源依赖程度越大，越容易结成联盟。目标共识可为主体间未来合作中资源共享和信息交换提供明晰的框架和规范[265]，在目标共识指引下，多元主体才可能产生合作意愿与行为，促进医养结合服务合作网络形成。使能条件包括政府关系资本与非政府关系资本。具有一定政府关系资本的机构，政府关系资本能使其获取有关医养结合服务政策、运营过程与信息等资源，并获得加入合作网络的机会。具有一定医疗机构、社会组织与高校等非政府关系资本的机构，非政府关系资本可使其节省挑选合适合作伙伴的成本，有利于促成其与其他主体形成合作网络。

图 4－1 为医养结合服务合作网络形成理论分析框架示意图。

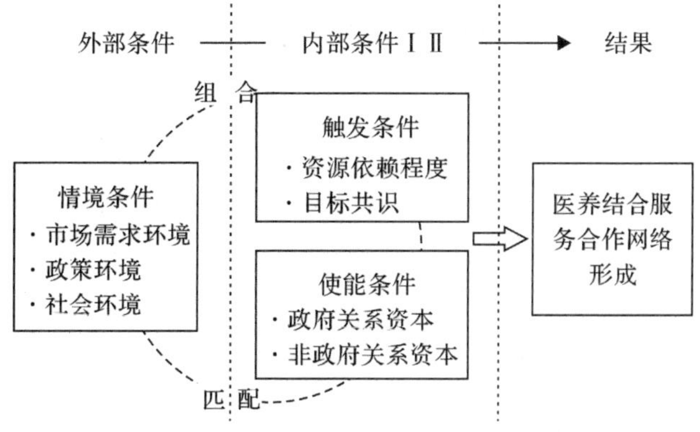

图 4－1　医养结合服务合作网络形成理论分析框架

第二节 研究设计

一、研究方法与案例选择

本书采用定性比较分析方法(qualitative comparative analysis,QCA)分析医养结合服务合作网络形成条件。不同于回归分析中对单个变量“净效应”的测量,QCA方法将案例内容与定量分析结果紧密结合,强调研究者在充分熟悉案例内容的基础上,探索“多重并发”条件组合与研究结果的复杂关系[266],适用从小样本数据中探索研究主题的条件组合路径。基于案例中存在很难通过0或1赋值的变量,本书选取模糊集定性比较分析。本书依据研究目的与定性比较分析方法要求筛选案例,典型案例的筛选原则为:①所选案例经民政局或卫健委政府部门工作人员、养老机构负责人与学者组成的专家团推荐,是所在区的典型代表机构;②根据本书对结果变量的设定要求,案例库中须包含医养结合服务合作网络形成与未形成两种结果,且两种结果的案例比例差距不能悬殊,以利于进行稳健性检验与对比分析;③所选案例在情境条件、触发条件与使能条件等条件变量上具有差异性;④案例数量满足定性比较分析中等样本(10～40个案例)范围。QCA方法与统计推断方法相比,强调适度的普适性与结果出现的原因组合,在案例选择上与抽样方法并不相同,要求案例在所选的条件上具有差异性。

基于以上原则,结合本书总体调研方案中广州市、西安市调研区域的选择,初步在两市中选取符合条件的案例,并在对案例库基本情况进行统计性描述后,更替个别案例,最终得到包含39个案例的案例库,其中属于医养结合合作网络形成的案例样本23个,医养结合合作网络未形成的案例样本16个。此外,由于访谈对象要求对访谈资料进行保密,本书对案例名称进行匿名处理,仅进行数字编号。

二、变量选择与变量赋值

QCA方法要求对中等样本进行分析,依据结果变量通常选择4～7个解释条件。本书依据医养结合服务合作网络形成条件分析框架理论筛选关键核心条件因素,构建出包含1个结果变量和7个条件变量的研究模型,并依据一定的标准对变量进行赋值。

(一)结果变量

本部分以“医养结合服务合作网络形成条件”为研究内容,结果变量 Y 为医养结合服务合作网络形成。医养结合服务合作网络是指政府、养老机构、医疗机构与其他主体基于合作协议建立的联结体,合作网络的形成以合作协议签订为标志。依据医养结合服务联合运行模式中主体类型[147]与实地调研中合作网络发起者类别,当前合作网络主要包括政府部门发起型合作网络、养老机构发起型合作网络与医疗机构发起型合作网络,养老机构内设医疗机构、医疗机构内设养老机构等医养结合模式由于属于同一管理架构与管理体系,多个主体以平级形式或上下级形式开展工作,未发生合作关系与签订合作协议[267],不属于本书研究的医养结合服务合作网络类型。在 3 种类型中,养老机构均为核心参与主体,因此本书选取养老机构(医养结合服务核心载体)作为调研对象,不论其是否作为网络发起者,只要当养老机构通过对自身所处环境与自身内部条件的分析,产生与其他主体的合作意愿,最终签订合作协议,医养结合服务合作网络就会形成。若签订正式协议,表明合作网络就会形成,赋值为 1;未签订正式协议,表明合作网络未形成,赋值为 0。

(二)条件变量

1. 市场需求环境

市场需求环境(C_1),即养老机构所在区域老年人及其家属对医养结合服务的需求大小。市场需求环境是医养结合发展的外部动力环境,医养结合服务合作来源于满足市场的需求,市场需求状况是医养结合发展的重要影响因素之一。在我国老龄人口与高龄人口增多的背景下,老年人群慢性疾病发病率持续增高,加之医疗资源的供给不足与高消耗的现状,为医养结合带来了更大的消费市场。当养老机构现有服务能力与服务质量满足不了老年人的医养需求时,养老机构产生与其他组织合作的倾向与行为,以符合社会发展要求。养老机构中、高层管理人员是机构战略管理的直接负责人,把握市场需求环境为其重要职责。因此,本书选取养老机构中、高层管理者对机构所在区域医养市场大小的感知情况作为市场需求环境的测量指标。测量题项为“依据您所在机构的市场调研报告以及您平时工作中的感知,您认为机构所在区域的医养市场需求的大小如何?”采取李克特 5 点量表,

5代表市场需求非常大，1代表市场需求非常小，分别对应市场需求环境非常好与市场需求环境非常差。

2. 政策环境

政策环境(C_2)，即促进或阻碍医养结合服务合作的政策条件。政策对养老机构医养结合建设具有引导与扶持作用[268]。科学的政策框架与机制可有效调节参与主体的偏好和利益诉求，使利益主体之间形成和谐关系，推动医养结合发展。当国家出台的鼓励医养结合的补贴、人才与场地服务等政策带来的收益超过当前收益时，养老机构倾向于挑选合作伙伴，建立合作关系，共同提供医养结合服务。养老机构中、高层管理人员是医养结合相关政策的直接接触者与核心利益相关者，故本书对养老机构高层管理人员进行问卷与半结构访谈，判断政策环境情况。测量题项为"您认为医养结合的政策支持力度如何?"采取李克特5点量表，5代表政策支持力度非常大，1代表政策支持力度非常小，分别对应政策环境非常好与政策环境非常差。

3. 社会环境

社会环境(C_3)，即在推进与发展医养结合服务过程中，养老机构与老年人及其家属的关系。外部潜在客户对医养结合服务协同治理合理性的认同直接关系到机构未来的发展状况，因此社会环境是养老机构考虑加入医养结合服务合作网络的要素之一，是医养结合服务合作网络形成的一个重要条件。公众认同是社会环境的主要衡量指标。当多元主体合作提供医养结合的方式不被老年人及其家属认同时，医养结合服务将面临被服务对象排斥的危机，影响医养结合机构的入住率，进而对医养结合机构的发展产生负面影响。养老机构中、高层管理人员是医养结合社会环境的直接感知者，故本书对养老机构高层管理人员进行问卷与半结构访谈，判断社会环境情况。本书选取养老机构高层管理人员对养老机构服务区域公众对医养结合服务协同治理认同度的感知情况作为社会资源的衡量指标，测量题项为"您认为本区域内老年人及其子女对多元主体合作提供医养结合服务的认同度如何?"量表采取李克特5点量表，5代表认同度非常高，1代表认同度非常低，分别对应社会环境非常好与社会环境非常差。

4. 资源依赖程度

资源依赖程度(C_4)，即养老机构对政府、医疗机构、社会组织等主体的资金、医疗资源以及场地等资源的需要程度。资源依赖理论强调组织在一个开放的系统中对其他组织的回应，关注组织间交换网络的重要性[269]，资源、网络及联结程度是其中的重要内容[270]。当组织需要外部组织所控制的关键资源时，依赖就会产生[271]。养老机构根据自身资源优势、劣势与对其他组织的资源依赖程度进行战略选择，组成合作网络、进行协同治理是其实现组织目标的重要策略之一。当养老机构不能完全控制其实现医养结合服务目标的条件时，表明养老机构对外部环境具有资源依赖，产生与政府、医疗机构等组织的合作倾向与行为，合作网络形成。基于实地调研资料得出养老机构进行医养结合的关键资源为资金、医疗服务与场地，因此，本书选取资金依赖程度、医疗服务依赖程度与场地依赖程度作为资源依赖程度的测量指标，测量题项为“本机构开展医养结合，需要其他组织的资金支持”“本机构开展医养结合，需要医疗机构的医疗资源支持”“本机构开展医养结合，需要其他组织的场地支持”，每个题项的值均为1或0，若答案为需要，则赋值为1；答案为不需要，则赋值为0，最后的加总得分为此养老机构的资源依赖程度得分。

5. 目标共识

目标共识（C_5），即医养结合服务主体或者潜在主体对合作共同结果的认可程度，反映合作者或潜在合作者对共同目标设定认知的一致性。服务主体对共同目标的共识度越高，更容易建立更加亲密的关系[272]，形成合作网络。在促成医养结合合作过程中，主体既要识别单个组织目标，也要识别共同目标。多元主体对合作的共同目标界定准确清晰，对预期结果不存在理解偏差，并达成共识[273]，是医养结合服务合作网络形成的条件之一。养老机构中、高层管理人员是推动医养结合合作的直接主体，故本书对养老机构中、高层管理人员进行问卷与半结构访谈，判断医养结合目标共识。选取养老机构中、高层管理人员关于合作者间（潜在合作者间）医养结合共同目标认同度作为目标共识的衡量指标，针对已参与医养结合合作网络的养老机构，参考共享心智模型中目标共识的测量题项[274]，设计题项为“在医养结合合作前，您与其他合作者认同医养结合共同目标”；针对未参与医养结合合作网络的养老机构，测量题项为“您与医养结合潜在合作者认同医养结合共同目标”；量表采取李克特5点量表，5代表完全认同，1代表完全不认同。

6.政府关系资本

政府关系资本(C_6),本书借鉴学者对其他领域政府关系资本概念的界定[275],将推进医养结合服务合作的政府关系资本界定为:嵌入在养老机构与政府官员或其他行政管理机构人员的关系网络中的资源。民政、卫生健康委员会、医保局等部门控制着医养结合发展政策、信息与资金等资源,具有政府关系资本的养老机构可获取更多有关医养结合政策与优质潜在合作者的信息,并通过政府牵线优先得到挑选合作者的机会,增加了养老机构建立或者加入医养结合服务合作网络的机会。因此,本书选取管理者私人政府关系与合作历史作为政府关系资本的衡量指标,并通过对养老机构中、高层管理人员进行问卷与半结构访谈,判断政府关系资本。测量题项为"我或者其他管理者熟识所处区域民政局、卫生健康委员会等医养结合相关政府部门的工作人员""我所在养老机构曾与所处区域民政局、卫生健康委员会等医养结合相关政府部门有过合作",每个题项的值均为1或0,若答案为肯定,则赋值为1,答案为否定,则赋值为0,最后的加总得分为此养老机构的政府关系资本得分。

7.非政府关系资本

非政府关系资本(C_7),即相较于政府关系资本,嵌入在养老机构与医疗机构、社会组织等医养结合核心参与主体关系网络中的资源。在推进医养结合过程中,养老机构需要医疗机构专业的医疗服务、社会组织提供的志愿服务与资源链接服务。医养结合服务合作网络建立之前,养老机构通过事务关系或者私人关系与医疗机构、社会组织建立的紧密联系,有助于养老机构获取关于潜在医养结合合作伙伴的信息,使其容易挑选出资源相匹配且有意向合作的组织,促进医养结合服务合作网络的形成。基于实地调研资料得出养老机构的非政府关系资本主要体现为:管理者与医疗机构或社会组织的工作人员熟识、机构曾与医疗机构或者社会组织有过合作。因此,本书选取管理者私人关系与合作历史作为非政府关系资本的衡量指标,并通过对养老机构中、高层管理人员进行问卷与半结构访谈,判断非政府关系资本。测量题项为"我或者其他管理者熟识医疗机构或者社会组织等医养结合潜在合作者的工作人员""我所在养老机构曾与医疗机构或者社会组织等医养结合潜在合作者有过合作",每个题项的值均为1或0,若答案为肯定,则赋值为1;答案为否定，则赋值为0，最后的加总得分为此养老机构的政府关系资本得分。

医养结合合作网络形成的变量、测量指标与变量赋值如表4－4所示。

表4－4　医养结合合作网络形成的变量、测量指标与变量赋值

变量类别	变量名称	测量指标	赋值标准
结果变量	Y（医养结合合作网络形成）	养老机构是否与政府部门、医疗机构、社会组织等签订正式的合作协议	是，赋值为1；否，赋值为0
条件变量	C_1（市场需求环境）	养老机构高层管理者对所在区域医养市场大小的感知情况	采取李克特5点量表，5代表市场需求非常大，1代表市场需求非常小
	C_2（政策环境）	养老机构高层管理人员对政策支持力度的感知情况	采取李克特5点量表，5代表政策支持力度非常大，1代表政策支持力度非常小
	C_3（社会环境）	高层管理人员对养老机构服务区域内公众对医养结合服务协同治理认同度的感知情况	采取李克特5点量表，5代表认同度非常高，1代表认同度非常低
	C_4（资源依赖程度）	养老机构是否存在资金依赖、医疗服务依赖与场地依赖	每个题项的值均为1或0，存在，赋值为1；不存在，赋值为0；加总三个题项得分为养老机构的资源依赖程度得分
	C_5（目标共识）	医养结合共同目标认同度	采取李克特5点量表，5代表完全认同，1代表完全不认同
	C_6（政府关系资本）	管理者私人政府关系 养老机构与政府的合作历史	每个题项的值均为1或0，存在，赋值为1；不存在，赋值为0；加总两个题项得分为政府关系资本得分
	C_7（非政府关系资本）	管理者私人非政府关系 养老机构与医疗机构或者社会组织的合作历史	每个题项的值均为1或0，存在，赋值为1；不存在，赋值为0；加总两个题项得分为非政府关系资本得分

三、数据赋值及其校准

(一)数据赋值

本书基于变量指标,采用半结构访谈与问卷的方式收集39份案例的数据,并依据表4-4中变量赋值规则得到条件变量与结果的赋值表,如表4-5所示。

表4-5 医养结合合作网络形成变量赋值

案例编号	C_1	C_2	C_3	C_4	C_5	C_6	C_7	结果变量 Y
1	3	5	5	1	5	2	0	1
2	4	4	1	0.67	3	0	0	1
3	5	4	1	0.67	4	2	0	1
4	4	4	4	0.67	4	0	0	1
5	5	3	1	1	4	2	1	1
6	4	3	5	0.67	4	0	2	1
7	5	4	3	1	5	2	0	1
8	5	4	5	1	5	0	2	1
9	4	4	5	0.67	3	2	0	1
10	4	5	1	0.67	4	2	1	1
11	4	4	2	0.67	3	2	2	1
12	5	5	3	0.67	4	0	2	1
13	4	2	2	0.67	4	2	2	1
14	4	5	3	0.67	4	0	2	1
15	5	3	4	0.67	5	0	2	1
16	4	3	2	1	3	2	2	1
17	4	2	2	1	5	1	2	1
18	4	4	2	0.67	5	2	1	1
19	4	4	3	1	4	0	1	1
20	5	4	2	1	4	2	2	1
21	5	5	4	1	4	2	0	1
22	5	2	1	0.67	3	2	2	1
23	5	5	2	0.33	3	0	2	1

续表

案例编号	C_1	C_2	C_3	C_4	C_5	C_6	C_7	结果变量 Y
24	1	4	2	0	2	0	0	0
25	4	4	1	0	2	0	0	0
26	1	3	2	0.67	3	0	0	0
27	4	4	2	0.33	2	0	0	0
28	4	2	1	0.67	3	0	0	0
29	2	5	2	1	2	1	0	0
30	4	5	1	0.67	1	2	1	0
31	3	5	1	0.33	1	0	0	0
32	3	4	3	0	3	0	0	0
33	4	3	2	0	2	1	2	0
34	1	2	1	0.67	4	0	0	0
35	4	5	2	0.33	2	0	0	0
36	4	3	2	0.33	1	0	0	0
37	1	1	1	0.67	1	2	2	0
38	5	4	1	0	2	0	0	0
39	5	2	4	0.33	1	0	0	0

(二)数据校准

模糊集定性比较分析方法需要对变量的原始值进行校准，使原始数值型数据转化成[0,1]区间内集合隶属的分数，从而对各个案例赋予集合隶属度，使结果具有可解释性。我们依据数据类型与是否具有外部标准选择校准方法，校准方法包括直接校准法与间接校准法。依据以下三个基准，本书将原始定距尺度数值转换为模糊隶属分数。

(1)借鉴李克特量表数据的 QCA 校准方法[276]，本书采用直接校准法校准市场需求环境、政策环境、社会环境与目标共识变量，分别以 5、3 和 1 为完全隶属点取值、定性交叉点取值和完全不隶属于点取值。借鉴等距数据的 QCA 校准方法，本书采用直接校准方法校准政府关系资本与非政府关系资本，分别以 2、1、0 作为完全隶属点取值、定性交叉点取值和完全不隶属于点取值。校准锚点如表4-6所示。

表4-6 变量校准锚点

变量名称		目标集合	锚点		
			完全隶属	交叉点	完全不隶属
条件变量	市场需求环境	良好的市场需求环境	5	3	1
	政策环境	良好的政策环境	5	3	1
	社会环境	良好的社会环境	5	3	1
	目标共识	高程度目标共识	5	3	1
	政府关系资本	多的政府关系资本	2	1	0
	非政府关系资本	多的非政府关系资本	2	1	0

(2)通过间接校准法[277]校准资源依赖程度变量。资源依赖程度的原始值属于标准的等距数据，由高到低依次为3、2、1、0，分别代表"养老机构依赖其他组织的资金、医疗服务与场地""养老机构依赖其他组织的资金、医疗服务与场地资源中的任意两项资源""养老机构依赖其他组织的资金、医疗服务与场地资源中的任意一项资源"与"养老机构对其他组织的资金、医疗服务与场地资源没有依赖"。因此，基于4值模糊集赋值(0、0.33、0.67、1)方法[278]将原始数值"0、1、2、3"分别赋值为"0、0.33、0.67、1"，其中"0"代表完全不隶属，"0.33"代表偏不隶属，"0.67"代表偏隶属，"1"代表完全隶属。

(3)fsQCA 3.0软件自动将校准后数值为0.5的样本排除在真值表分析以外，本书基于菲斯(Fiss)的数据校准方法[279]与案例样本实地访谈数据的特征，对数值的实际隶属度进行把握与分析，认为原始值为"3"或"1"(校准后数值为0.5)的样本，更加偏向完全隶属于目标集合，因此本书将校准后数值为0.5的样本均修正为0.501。

第三节 定性比较分析

本书运用fsQCA 3.0软件对医养结合服务合作网络形成的条件进行必要性分析、条件组态分析与稳健性检验。

一、单变量必要性分析

QCA 研究方法强调在进行模糊集真值表程序分析之前，结果的必要条件分析是有用的。必要条件是导致结果发生必须存在的条件，但它并不必然导致结果的发生。QCA 分析核心为充分性组态，因此在对条件组态分析前，本书遵循 QCA 研究方法过程，对医养结合服务合作网络形成的必要条件进行探索。本书采用被广泛认同的一致性门槛 0.9 作为判断必要性的分界点，当条件的一致性大于或者等于 0.9 时，则该条件是结果的必要条件；当条件的一致性小于 0.9 时，则该条件不是结果的必要条件。医养结合服务合作网络形成的必要条件检测结果如表4－7所示。fsQCA 3.0 软件分析结果表明，7 个前因变量对医养结合服务合作网络形成或者未形成的影响一致性均小于 0.9，表明没有条件构成结果变量的必要条件，7 个前因变量中任何单个变量均不能导致医养结合服务合作网络形成，可将全部前因变量纳入 QCA 分析探索医养结合服务合作网络形成的组态。

表 4－7　医养结合服务合作网络形成与未形成的必要性条件检测

前因变量	结果变量	
	医养结合服务合作网络形成一致性	医养结合服务合作网络未形成覆盖率
市场需求环境	0.862625	0.687426
～市场需求环境	0.137348	0.311631
政策环境	0.714957	0.622007
～政策环境	0.285043	0.521850
社会环境	0.424957	0.742931
～社会环境	0.575043	0.511763
资源依赖程度	0.784348	0.750416
～资源依赖程度	0.229304	0.302391
目标共识	0.770696	0.822209
～目标共识	0.229304	0.302391
政府关系资本	0.578304	0.791585
～政府关系资本	0.421696	0.436951
非政府关系资本	0.598000	0.818447
～非政府关系资本	0.402000	0.416580

注：在 fsQCA 中，“～”是逻辑“非”的符号，在本书中指该变量处于较低水平。

二、条件组态的充分性分析

条件组态的充分性分析是将7个前因条件进行组合分析，判断其所构成的要素组合(组态)对医养结合服务合作网络形成的影响。一致性水平代表组态解释结果变量的程度，被作为数据结果的检验标准，当组态与结果变量之间的一致性大于或者等于0.75的临界值时，该条件组态为结果变量的充分性组态[280]。依据定性比较分析方法中公认的最低一致性设置水平与样本数量，本书使用fsQCA 3.0分析数据时将整体一致性设置大于0.8、路径的案例阈值设置大于1。fsQCA 3.0经过数据运算后会产生3种解：复杂解、中间解和简约解。在复杂程度上，中间解实现了复杂解和简约解之间的平衡，中间解优于复杂解和简约解。本书遵循QCA研究惯例，在结果中主要呈现中间解，同时辅之以简约解。分析结果如表4-8所示，3种条件组态的整体一致性为0.946006，高于0.75，说明3种方案具有非常好的一致性；3种组态的整体覆盖率为0.518，表明整体方案具有较强的解释力；3种组态的一致性分别为0.891008、0.911954与0.889669，均大于0.75的最低标准。3种解的呈现方式遵循普遍的符号表达形式，条件存在以实心圆(●)表示，条件缺席以含叉圆(⊗)表示，条件可出现也可不出现以空格表示。核心条件(同时存在于中间解和简单解中的条件)以大圆表示，辅助条件(仅存在于中间解中的条件)以小圆表示。

表4-8 医养结合服务合作网络形成的条件组态

条件变量	解		
	解1	解2	解3
市场需求环境(C_1)	●	●	⬤
政策环境(C_2)	●		●
社会环境(C_3)		⊗	●
资源依赖程度(C_4)	●	●	●
目标共识(C_5)	⬤	⬤	⬤
政府关系资本(C_6)	⬤	⬤	⊗
非政府关系资本(C_7)	⊗	●	●
一致性	0.891008	0.911957	0.889669

续表

条件变量	解		
	解 1	解 2	解 3
原始覆盖度	0.241696	0.247696	0.192826
唯一覆盖度	0.13313	0.133478	0.137174
总体解的一致性		0.946006	
总体解的覆盖度		0.518	

注:●表示核心条件存在，•表示辅助条件存在，⊗表示辅助条件缺席，“空格”示该条件可存在亦可不存在。

三、稳健性检验

QCA 的稳健性检验通常仅针对条件组态的充分性分析，主要采用集合论特定的方法，通常包括调整一致性阈值与调整频数阈值。当不同的稳健性检验方法产生的组态(解)之间具有清晰的子集关系时，可认为结果非常稳健;反之，则认为结果不稳健[281]。本书遵循常用调整一致性阈值与调整频数阈值两种方法进行稳健性检验。

(一)稳健性检验一:调整一致性阈值

本书借鉴大多数 QCA 文献稳健性检验的方法，调高一致性阈值至 0.85，使用更严格的阈值再次展开 QCA 分析，理论上得到解所包含的新组态是原始组态的子集，分析结果如表 4-9 所示。一致性阈值调高至 0.85 后，得到 2 个解，分别对应原始解的解 2、解 3，表明稳健性检验通过。

表 4-9　医养结合服务合作网络形成的条件组态(一致性阈值为 0.85)

条件变量	解	
	解 1	解 2
市场需求环境(C_1)	●	●
政策环境(C_2)		●
社会环境(C_3)	⊗	●
资源依赖程度(C_4)	●	●
目标共识(C_5)	●	●

续表

条件变量	解	
	解 1	解 2
政府关系资本(C_6)	●	⊗
非政府关系资本(C_7)	●	●
一致性	0.911957	0.889669
原始覆盖度	0.247696	0.192826
唯一覆盖度	0.192826	0.137174
总体解的一致性	0.941502	
总体解的覆盖度	0.38487	

注:●表示核心条件存在,⊗表示核心条件缺席,"空格"示该条件可存在亦可不存在。

(二)稳健性检验二:调整频数阈值

为了再次验证研究结论的稳健性,本书调高案例阈值至 2,使用更严格的阈值再次展开 QCA 分析,理论上得到解所包含的新组态是原始组态的子集,分析结果如表 4-10 所示。案例阈值调高至 2 后,得到 3 个解,其中解 2、解 3 分别对应原始解的解 2、解 3,解 1 是原始解中解 1 的子集,表明稳健性检验通过。

表 4-10 医养结合服务合作网络形成条件组态(案例阈值为 2)

条件变量	解		
	解 1	解 2	解 3
市场需求环境(C_1)	●	●	●
政策环境(C_2)	●		●
社会环境(C_3)	●	⊗	●
资源依赖程度(C_4)	●	●	●
目标共识(C_5)	●	●	●
政府关系资本(C_6)	●	●	⊗
非政府关系资本(C_7)	⊗	●	●
一致性	0.833456	0.911957	0.889669
原始覆盖度	0.147956	0.247696	0.192826
唯一覆盖度	0.0923043	0.186391	0.137174
总体解的一致性		0.941656	
总体解的覆盖度		0.477174	

注:●表示核心条件存在,⊗表示核心条件缺席,"空格"示该条件可存在亦可不存在。

第四节　结果讨论

研究结果显示：市场需求环境、政策环境、社会环境、资源依赖程度、目标共识、政府关系资本与非政府关系资本是医养结合服务合作网络形成的重要条件。协同治理理论关注权力和资源的不平衡、冲突或合作历史与参与协同过程的动机对合作达成的促进作用。医养结合服务合作网络形成条件及其组态显示：基于市场需求、政策引导与社会认同的初始水平，单个机构由于资源限制产生对其他主体的资源依赖，加之与政府、其他主体的合作历史使其积累了一定的关系资本，在这种情境下，多元条件进行联动与匹配，成为合作网络形成的有利条件或障碍。这一结论从条件组态视角回应了协同治理理论关于公共服务合作起始条件的论述。

医养结合服务合作网络形成条件及其组态的研究结果亦扩展与丰富了协同治理理论。市场需求环境、政策环境与社会环境厘清了协同治理起始条件中资源不平衡的来源，即治理主体在意识到市场需求、政策与社会环境特征及其变化时，开始审视自身资源存量，发现资源缺口，才会对外界产生资源依赖。政府关系资本与非政府关系资本条件使协同治理理论中合作历史起始条件具体化。同时协同治理理论强调愉快的合作历史可促进公共服务多元主体合作，本章的研究结论揭示了政府关系资本与非政府关系资本条件作为合作历史积累的使能条件，促进合作网络形成的内部机理。

一、医养结合服务合作网络形成条件组态

对应 QCA 条件组态充分性分析结果的 3 种解，导致医养结合服务合作网络形成有 3 种条件组态。经过一致性分析与稳健性检验，3 种组态可很好地解释结果变量的产生。3 种组态的原始覆盖度与唯一覆盖度均十分相近，表明 3 种组态对结果的解释力相当。

（一）综合条件构型

组态 1（$C_1 * C_2 * C_4 * C_5 * C_6 * \sim C_7$）表示市场需求大、政策支持力度大、养老机构对外界的资源依赖程度高、养老机构与潜在合作者具有目标共识、机构具备良好的政府关系资本，与机构非政府关系资本不足的条件组合可促成医养结合服务合作网络的形成。这一组态反映的是在触发条件充足时，部分外部情境条件与部

分养老机构使能条件对医养结合合作网络形成的推动作用，因此本书将组态 1 命名为综合条件构型。结合案例访谈资料，综合条件构型是当前较为普遍的推动医养结合服务合作网络形成的路径之一，广州市花都区的案例样本与此种路径相符的居多。

广州市花都区是广州医养结合推进较快的区之一，形成了独具特色的医养结合模式与清晰的推进路径。调研资料显示，花都区医养结合服务合作网络的形成大部分属于综合条件构型。被调研的养老机构、社区居家养老服务中心负责人均认为花都区老年人对医养结合服务的需求较大，老年人及其子女希望养老机构不仅能提供较高质量的养老服务，还能够提供一定的医疗服务。养老机构应满足老年人的基本检查、康复照料、慢性病管理以及日常疾病的用药服务，以减少老年人就医的时间成本、人力成本。基于区市场需求的调研，结合区社会经济发展情况，在国家医养结合政策的指引下，花都区政府、民政局、卫生健康委员会等相关政府部门研究、制定医养结合工作的重大制度和政策，包括《广州市花都区人民政府办公室关于建立花都区医养结合工作联席会议制度的通知》等。区民政局组建推进医养结合实践的工作小组（负责机构型医养结合的工作小组与负责社区居家养老服务中心医养结合的工作小组），并定期与机构、服务中心管理者举行座谈会议，宣传相关政策，鼓励机构、养老服务中心加入医养结合服务合作网络，为花都区推进医养结合创造了良好的政策环境。在市场需求与政策环境情境下，养老机构负责人开始思考向医养结合方向进行组织变革。花都区大部分养老机构在推进医养结合过程中，面临资金不足、场地不足与医疗资源缺乏的问题，表明其对外部组织有较大的依赖性。因而养老机构开始寻找与挑选合适的医养结合合作伙伴，已初步筛选出一部分具有医养结合合作目标共识的潜在合作者。目标共识是养老机构负责人极为看重的合作前提，花都区某养老机构医疗部护士长在访谈中提道：“人家三甲医院根本不缺患者，跟我们合作就是为了响应政府的政策，来这里（养老机构）坐坐诊、走走过场，而我们确实是从老年人实际状况出发，想让老年人身体好一些。所以这种合作是开展不下去的，因为他们（医院）根本就不认同这个事嘛……”资源依赖、与潜在合作者的目标共识对医养结合服务合作网络形成过程中的关键组织产生了触发作用，但合作网络能否最终形成还与养老机构所拥有的关系资源相关。花都区民政局在医养结合服务合作网络形成中起到了极大的推动作用。民政局在面向整个区域进行医养结合政策宣传后，还会对部分养老机构进行重点宣传。养老机构借助与民政局的关系资本，更为深入地了解了医养结合的补贴政策、运营的先进经验、潜在合作者的详细信息等。之后，在民政局的牵线与促成下，养老机构与医疗机构、社会组织等主体的合作网络形成。在这一路径下，对于养老机构自身存在的与医疗机构、社会组织、高校等关系资本极为匮乏问题，政府关系资本发挥了重要的使能作用。

（二）强使能条件构型

组态 2（$C_1 * \sim C_3 * C_4 * C_5 * C_6 * C_7$）表示市场需求大，养老机构对外界的资源依赖程度高，养老机构与潜在合作者具有目标共识，养老机构具备良好的政府关系资本与非政府关系资本，与社会环境欠佳的条件组合可促成医养结合合作网络形成。这一组态反映的是在触发条件充足时，部分外部情境条件与较强的养老机构使能条件对医养结合合作网络形成推动作用，因此本书将组态 2 命名为强使能条件构型。

结合案例访谈资料，强使能条件构型是当前推动医养结合服务合作网络形成的一条普遍路径，西安市新城区的部分案例样本与此种路径相符。实地调研资料显示，西安市新城区已形成较少数量的医养结合服务合作网络，新城区医养结合服务合作网络形成以养老机构为核心推动者。养老机构管理者经过市场调研发现，机构周边区域的老年人有着较大的医养结合服务需求。西安市与新城区相关政府部门均已出台部分医养结合政策，但仍存在政策不明晰、政策宣传不足、运营补贴未完全落实等问题，养老机构管理者普遍认为政策支持力度不足。同时，养老机构所在区域老年人及其家属对医养结合的认识较浅、认同度较低。某医养结合服务中心负责人提道："老年人包括他们的家属，普遍认为公办养老机构的检查、护理，还有基础的用药服务不太可靠，老年人生病了，就必须我们联系其家人，将他们送去医院。"虽然医养结合的政策环境与社会环境不佳，但基于"医养结合是未来养老机构发展的方向"的认识，部分养老机构负责人正在积极推动医养结合服务合作。这一部分养老机构发展医养结合的资金、医疗服务与场地较大程度依赖其他组织，因此养老机构中、高层管理者会积极接洽与挑选可为其提供资源补充的合作者，并初步识别双方是否对医养结合的目标存在共识。高资源依赖程度与目标共识触发了养老机构中、高层管理者组建医养结合合作网络的意愿，此时管理者会积极搜寻已有的关系资源推进合作。在此种路径下的养老机构是医养结合服务合作网络的发起者，同时养老机构与政府部门、医疗机构、社会组织有过合作历史，具备一定的政府关系资本与非政府关系资本。基于历史关系，养老机构发起的医养结合合作提议，产生征召效应的概率极大，熟悉的医疗机构或社会组织会积极响应。在养老机构主动与所在地民政局接洽、沟通医养结合思路后，民政局出于对机构的信任，多数会积极与其他政府部门协商、沟通，为医养结合合作争取政策资源，并帮助养老机构找寻合适的合作者。因此可得出结论，西安市新城区案例体现了医养结合服务合作网络形成条件的强使能条件构型。即基于较大的市场需求，在资源依赖与目标共识的触发下，养老机构通过利用自身充足的政府关系资本与非政府关系资本，促成医养结合服务合作网络形成。

（三）强外部情境条件构型

组态3（$C_1 * C_2 * C_3 * C_4 * C_5 * \sim C_6 * C_7$）表示市场需求大，政策环境良好，社会环境良好，养老机构对外界的资源依赖程度高，养老机构与潜在合作者具有目标共识，机构具备良好的非政府关系资本与政府关系资本欠佳的条件组合可促成医养结合服务合作网络形成。这一组态反映的是在触发条件充足时，强外部情境条件与部分养老机构使能条件对医养结合服务合作网络形成的推动作用，因此本书将组态3命名为强外部情境条件构型。结合案例访谈资料，强外部情境条件构型是当前推动医养结合服务合作网络形成的路径之一，但与综合条件构型和强使能条件构型相比，属于此种路径的案例较少，广州市天河区的部分案例样本与此种路径相符。

实地调研资料显示，广州市天河区医养结合服务合作案例多数以养老机构管理者的非政府关系资本作为核心使能条件。养老机构的市场调研报告显示，天河区的老年人及其子女对医养结合服务具有较大需求。此外，社会对医养结合服务具有较高的认同度与接受度，尤其是嵌入型医养结合机构（嵌入到社区）受到服务对象的广泛好评。某医养结合服务中心的老年人家属提道："我现在都60多岁了，要帮忙带孙子。我老妈90多岁了，这里的护理人员素质很高，每天都有专业护士查房，我们很放心……这离我家只有10分钟，我来看她（被访谈人妈妈）也很方便。"同时，依据广州市医养结合的政策，天河区政府牵头推进医养结合工作，明晰各个政府部门的职责；制定区医养结合合作协议的模板，以供合作者参考；出台政策规范指导医养结合机构的服务流程，开展医养结合人才培养项目等，为区养老机构发展医养结合提供了良好的政策环境。广州市天河区大部分养老机构在发展医养结合过程中，资源依赖程度与广州市花都区、西安市新城区的养老机构情况一致，这一部分养老机构发展医养结合的资金、医疗服务与场地同样较大程度依赖其他组织，目标共识也是其选择合作者的重要考量因素。同时，养老机构在历史事务合作中，与医疗机构、社会组织等积累了丰厚的关系资本。非政府关系资本可使机构在政府关系资本不足时，也可顺利找寻到合适的伙伴，促进医养结合服务合作网络的形成。养老机构与政府部门关系资本极为匮乏，养老机构与医疗机构、社会组织、高校等关系资本发挥了极为重要的使能作用。

二、医养结合服务合作网络形成条件互动关系

综合比较促进医养结合服务合作网络形成的综合条件构型、强使能条件构型与强外部情境条件构型，并通过对构型中核心条件、辅助条件的存在或缺席状态比较，本书进一步发现了单个条件之间的互动关系。

(1)市场需求条件是医养结合合作网络形成的重要情境条件，3 条组态的情境条件中均包含市场需求条件。结合案例调研资料，市场需求是养老机构进行医养结合首要的推动要素。案例样本显示，在合作网络中的养老机构在合作前，所在区域的市场需求得分普遍在 3 分以上，均值为 4.39。同时大部分养老机构管理者表示：所在区域老年人及其家属较大的养老、医疗服务需求是推动其考虑医养结合服务合作的首要情境因素，市场需求条件出现后，政策环境与社会环境才纳入管理者情境条件的考量之内。

(2)3 种组态均包含高程度资源依赖与高程度目标共识两个条件，且在组态 2、组态 3 中，资源依赖与目标共识均以核心条件存在。这一研究结论表明，资源依赖与目标共识需要联合更多的条件才能组成医养结合服务合作网络形成的充分条件组合，同时表明触发条件是养老机构产生医养结合服务合作的初始动因，情境条件与使能条件是推动合作网络最终形成的两大力量。案例显示在实践中单个养老机构不能同时、完全具备充足的情境条件与使能条件，当部分情境条件与使能条件出现时，就可促进医养结合服务合作网络的形成。

(3)情境条件与使能条件存在部分替代关系。组态 1 与组态 3 显示，当机构情境条件存在，但不充足时(三个情景条件中，两个条件存在)，使能条件必须十分充

足(两个使能条件同时存在),医养结合服务合作网络才可形成;当机构的使能条件存在,但不充足时(两个使能条件中,仅一个条件存在),情境条件必须十分充足(三个情境条件同时存在),医养结合合作网络才可形成。案例显示,当养老机构所在区域的医养结合服务市场需求较大,但政策支持力度不足,所在区域的老年人及其家属对政府部门与社会力量共同提供医养结合服务的模式认同度较低时,基于未来政策风向与市场前景,养老机构在民政部门与其他潜在合作者的征召与说服下,也可能选择加入医养结合服务合作网络或作为主导者组建合作网络。此外,当养老机构与所在区域的民政、卫健等相关政府部门没有合作历史,政府部门尚未接洽这类养老机构医养结合服务合作事宜时,基于所在区域较大的医养结合服务市场需求与良好的政策环境与社会环境,养老机构亦可通过与社区卫生服务中心、中小型医院与社会组织等医养结合服务潜在合作者的良好历史合作关系,征召合作者,组建医养结合服务合作网络。

(4)在综合条件构型(组态 1 所对应的构型)的案例中,政府关系资本虽然依旧在养老机构与政府部门间发生作用,但初始使用者为政府部门,即政府部门(一般是民政部门)最先寻找熟悉的、有过合作的养老机构进行政策宣传以推动医养结合服务工作的开展。之后,在养老机构与政府部门达成合意后,双方会迅速组织已有资源,征召其他主体加入,医养结合服务合作网络加速形成。在此种构型中,政府部门是合作网络的发起者,养老机构是合作网络形成的催化者。关系资本是医养结合服务服务合作网络形成的使能条件,但基于案例实践,在不同路径中,资本作用的方向不同,进而各个主体在合作网络形成中的作用不同。在强使能条件构型(组态 2 所对应的构型)的案例中,养老机构均为政府关系资本与非政府关系资本的使用者,即养老机构主动联系政府、医疗机构、社会组织等主体,并利用历史关系,推动医养结合服务合作网络形成。在此种构型中,养老机构是合作网络的发起者,发挥核心推动作用;政府部门是合作网络的推动者,发挥资源链接作用。在强情境条件构型(组态 3 所对应的构型)中,政府关系资本缺失,养老机构同时扮演合作网络发起者、推动者与催化者的角色。此外,在当前医养结合服务合作网络形成过程中,养老机构与民政部门是关键行动者,发挥主动作用;医疗机构、社会组织等其他主体是边缘主体,主动性较弱。

第五节　本章小结

本章厘清了医养结合服务合作网络形成的前因条件，有助于理解医养结合服务合作网络因何生成，是“医养结合服务合作网络对其协同治理绩效的影响研究”的前置环节，为第六章探索形成后的医养结合服务合作网络差异化特征及其对协同治理绩效的影响机理奠定了基础。

本章运用 QCA 方法探索、分析医养结合服务合作网络形成的路径。首先，运用扎根理论方法建构医养结合服务合作网络形成条件分析框架；其次，通过案例样本选择、条件指标体系设计、数据收集与校准、单个条件必要性分析与条件组态的充分性分析，识别、分析医养结合服务合作网络形成的路径。医养结合服务合作网络形成条件分析框架的核心要素包括情境条件、触发条件与使能条件。情境条件源自养老机构外部，由市场需求条件、政策环境和社会环境三大要素构成；资源依赖程度与目标共识是合作网络形成的关键触发条件；使能条件包括政府关系资本与非政府关系资本。三种条件相互交替、共同推动医养结合服务合作网络的形成。

基于医养结合服务合作网络形成条件分析框架，综合必要性检测与组态分析，研究发现医养结合服务合作网络形成具有复杂性，市场需求条件、政策环境、社会环境、资源依赖程度、目标共识、政府关系资本与非政府关系资本与形成结果间具有多重并发的因果关系。医养结合服务合作网络形成路径包含三种路径：综合条件构型、强使能条件构型与强外部情境条件构型。

综合比较三种组态，研究可以发现医养结合服务合作网络形成条件之间存在互动关系。第一，市场需求是养老机构进行医养结合首要的推动要素。第二，资源依赖与目标共识是医养结合服务合作网络形成的重要触发条件，在 2 种组态中均以核心条件存在。第三，情境条件与使能条件存在部分替代关系，当二者其中一个不充足时，另一个必须十分充足，合作网络才可形成。第四，关系资本是医养结合服务合作网络形成的使能条件，但在 3 条路径中，不同方向的关系资本流动导致各个主体的网络发起作用、资源链接作用、网络形成催化作用在不同路径中有所差别。

第五章

医养结合服务协同治理绩效测度

本章对医养结合服务协同治理绩效的测度进行研究，包括测量维度、量表设计与绩效水平测度。第一，探索医养结合服务协同治理直接绩效、间接绩效的构成维度；第二，设计医养结合服务协同治理直接绩效、间接绩效的量表，并对量表的信度、效度与适用性进行检验；第三，测度医养结合服务协同治理绩效水平。

在概念界定章节，本书通过借鉴自然资源、环境污染协同治理绩效、工商组织间与产学研组织间的协同创新绩效，从结果视角对医养结合服务协同治理绩效概念进行了界定。医养结合服务协同治理绩效是医养结合核心组织与协同伙伴基于共同利益，通过资源共享和优势互补，参与医养结合服务设计、供给与管理所产生的业绩和效果，是单一组织自身无法通过独立运营而获得的绩效，而非参与协同治理的各主体共同取得的绩效，强调对基于协同治理基础所产生的医养结合服务治理效果的测量，包括直接绩效与间接绩效。但医养结合服务协同治理绩效的测度维度与指标仍不明晰。自然资源、环境污染协同治理绩效与组织间协同创新绩效的内涵与维度可为医养结合服务协同治理绩效测度提供一定的启发与借鉴意义，但并不能直接、简单地套用到这一具体公共服务的绩效测度上。以往的研究较少关注间接绩效，对其测量属于一个较新、需要探索的主题。因此，研究医养结合服务协同治理的重要任务之一为结合现实背景与应用情境，确定医养结合协同治理直接绩效、间接绩效的维度，并开发可操作化的测量量表。

第一节　医养结合服务协同治理绩效的构成维度

一、研究设计

（一）研究方法

本书采用扎根理论方法进行医养结合服务协同治理绩效构念分析。医养结合服务协同治理绩效构念及其维度是一个模糊的、尚未定论的探索类问题，应用扎根理论进行资料收集与分析，对于这一概念的发展与完善具有重要价值。扎根理论的具体步骤与本书第四章第一节保持一致。

（二）数据收集

借鉴深度访谈的资料收集思路，围绕医养结合服务协同治理的预期结果、治理过程与实际结果等方面收集的数据，尽可能完整地覆盖绩效的各个方面，以获取协同治理绩效各个方面的信息与知识。目前医养结服务协同治理相关的研究较少，可供参考的访谈提纲与测量量表较少。焦点小组访谈可直接获取被试者对具体问题丰富的、专业的看法，可为后续问卷设计提供参考[282]，因此本书选取此方法设计半结构化访谈提纲。考虑到医养结合服务协同治理概念较为专业且较难理解，要求被访谈者具备一定的知识基础和专业能力，本书邀请 2 名养老服务研究方向的博士与作者组成 3 人焦点小组，经过 3 轮讨论，设计出含有 8 个问题的半结构化访谈提纲（见附录 B）。3 名成员均系统学习过社会保障、公共政策与公共管理专业相关课程，多次参与养老服务相关问卷设计与实地调研工作，并参与医养结合服务协同治理项目的资料收集与报告撰写工作，具有参与“医养结合服务协同治理绩效”访谈设计的专业素养。在第 1 轮讨论中，3 位成员围绕“医养结合服务协同治理及其绩效”的相关问题，背对背列出各自认为重要的、需要深入了解的问题，并对问题的重要性进行排序。之后 3 位成员通过讨论对列出的问题进行归类、合并、删除与补充，最终得到 12 项访谈问题。在第 2 轮讨论中，3 位成员对 12 项问题中的关键词进行调整与统一，以避免理解上的歧义。第 3 轮讨论于预调研后进行，在预调研中邀请 4 位专业人士（医养结合结构负责人）针对题项表述的准确性、表述内容的可理解性与测量的可行性等提出建议，由于被访谈的医养结合机构负责人均不能理解“直接效果”“间接效果”的表述，认为两个词过于专业，3 位焦点小组成员删除了原提纲中与“直接绩效”“间接绩效”相关的 4 个题项。在问卷中，最终保留的 8 个具体问题如下：

1. 请简单介绍一下您所参与的医养结合服务协同治理项目。

2. 请简单介绍一下您在工作单位的主要工作。

3. 请简单介绍一下您个人的相关背景，包括教育背景、工作背景、职位背景等。

4. 您加入医养结合服务协同治理的原因是什么？

5. 您认为医养结合服务协同治理所要实现的结果是什么？

6. 加入医养结合服务协同治理后，您与合作伙伴取得了哪些收益？

7. 除了上述结果，请补充医养结合服务协同治理的效果。

8. 您如何理解和评价医养结合服务协同治理效果？

第 1—3 号问题为医养结合服务协同治理的基本情况，可以使被访谈者能够迅速进入角色与情境，调动其思维，进入良好的问卷回答状态，并以此了解员工个体及企业的基本信息。第 4—7 号问题依据协同治理绩效的概念，收集医养结合服务协同治理绩效的详细信息。第 8 号问题用来收集被访谈者对其所参与的医养结合服务协同治理项目绩效的评价，可以从侧面补充绩效的内涵与维度。

本章节医养结合服务协同治理绩效是其合作网络形成后的结果呈现，与本书第四章第一节第一小节中医养结合服务合作网络形成具有连贯性。为了保证访谈对象的思维连贯性和调研效率，在实际操作中，调研小组将两部分的访谈提纲合并，一同收集访谈资料。因此本小节的访谈对象与数据收集情况与第四章第一节第一小节一致，在这里不再赘述。

二、数据分析

（一）开放式编码

本部分通过提取质性材料中有意义的单元对原始数据进行编码，即对资料进行归纳概括。在开放式编码过程中，在采用“鲜活编码”的基础上，将包含相对独立完整信息的语句作为原始节点，再对原始节点进行部分加工，使节点语义更为完整、清晰。本书质性材料分析的焦点小组成员包括本书作者与社会保障的另外 1 名博士生，2 名成员共同参与编码。首先，2 名小组成员依据医养结合服务协同治理绩效的概念，围绕与协同治理绩效的相关访谈资料独立进行编码；其次，焦点小组对两份编码结果进行讨论分析，对编码进行去重归类。本书获取 257 个编码，经过去重归类，共 41 个自由节点，节点均与医养结合服务协同治理绩效相关。绩效在质性材料中的体现内容包括：对绩效的直接描述、参与医养结合服务协同治理后目标的具体实现情况、参与医养结合服务协同治理后机构所获取的其他有益结果。因此，节点名称包括正向表述与中性表述。对绩效的直接描述，代表主体想要获得的绩效包含的内容，如“老年人身体健康水平”。但具体结果并未在访谈中提及，因此节点名称以中性表述呈现。参与医养结合服务协同治理后绩效的具体实现情况，表示协同治理后已经获得的结果，如“提升了机构影响力”，这一节点名称以正向表述呈现。节点编码如表 5－1 所示，节点名称反映节点所表述的含义，频次代表节点在材料中所出现的次数。

表 5－1　医养结合服务协同治理绩效自由节点编码结果

节点名称	频次	节点名称	频次
养老服务智能技术发展	16	做强做大养老服务产业	8
医养结合服务标准与规范	5	培养了医养结合服务专业人才	2
投诉率	8	医养结合服务认同度	8
有专门培训机构输送人才	2	满足老年人需求	21
管理人员管理水平提升	1	老年人身体健康水平	8
设立了专门的员工培训部门	1	明晰人员费用	1
服务质量提升	14	员工经过专门培训	6
吸收了专业院校毕业生	1	享受服务的老年人人数增加	3
员工需要有资格证书	2	院长参加培训	1
多元主体提供公共服务是可接受的	7	多元主体提供公共服务是有效的	8
护理员参加培训	1	采用新的人员管理方法	1
改进人员管理方式	3	对员工进行培训	2
配备专门的技术人员	1	增添新的服务内容	6
优化服务流程	7	给其他养老机构培训人才	2
获得成功的运营经验	1	增添新的机构分支	4
业务扩展	10	提升了机构影响力	2
对医养结合很有信心	2	提升了机构知名度	3
对医养结合服务协同治理满意	1	入住率	9
促进机构发展	3	获得建设经验	1
成为行业标杆	2	机构获得老年人认同	21

（二）主轴编码

1.节点类别划分

在对质性材料完成节点鲜活编码后，为更进一步明确医养结合服务协同治理绩效所包含的内容与维度，本书对41个自由节点进行归类。类别名称的命名过程为：首先，对表5-1中的节点名称进行分析与归纳，将描述同一对象的节点名称归为一类；其次，2名编码者对同一类别的所有节点进行归纳与分析，命名节点名称。节点名称的命名包括三种情况：第一种为原有节点存在一个高阶节点，它包含了其他节点的内涵，以高阶节点作为类别名称；第二种为原有节点均为并列、平行内容，编码者为本组节点重新命名类别名称；第三种为原有节点组别中仅存在一个节点，以此节点作为类别名称。节点类别划分结果如表5-2所示。

表5-2显示，医养结合服务协同治理绩效涉及11个类别，11个类别均表示通过协同治理，参与主体期望或已经获得的绩效，包括“人力资源管理水平”“服务创新水平”“服务流程优化水平”等。人力资源管理水平反映通过协同治理，医养结合机构从其他主体或合作过程中吸收更为先进、有效的人力资源管理方法；服务创新水平反映通过协同治理，医养结合机构开发出更符合老年人需求的新服务；服务流程优化水平反映通过协同治理，医养结合机构理顺了为老年人提供服务的过程，改进了服务方式；业务范围反映通过协同治理，医养结合机构的业务范围扩大；智能技术发展水平反映通过协同治理，医养结合机构挖掘出养老服务智能技术的适用性，并通过与其他组织的合作，逐步采用智能技术为老年人提供更加优质的服务；发展潜力反映通过协同治理，医养结合机构在未来实现快速发展的可能性；入住率反映通过协同治理，入住医养结合机构的老年人人数的增长；投诉率反映通过协同治理，老年人对医养结合机构服务的不满意事件减少；服务质量反映通过协同治理，入住医养结合机构的老年人需求得到满足，享受到更加便利、优质的服务；医养结合服务实践发展水平反映协同治理对医养结合实践的促进作用；医养结合服务协同治理策略认同度反映参与主体对医养结合服务协同治理策略的认同与肯定程度。

表 5-2　节点类别划分

类别名称	所包含的节点名称
人力资源管理水平	培养医养结合服务专业人才；有专门的培训机构输送人才；提升管理人员管理水平；设立专门的员工培训部门；明晰人员费用；员工经过专门培训；吸收了专业院校毕业生；员工需要具有资格证书；院长参加培训；护理员参加培训；采用新的管理技术；改进人员管理方式；对员工进行培训；配备专门的技术人员
服务创新水平	增添新的服务内容
服务流程优化水平	进一步优化服务流程
业务范围	增添新的机构分支；扩展业务；给其他养老机构培训人才
智能技术发展水平	养老服务智能技术发展
发展潜力	机构影响力提升；机构知名度提升；获得运营经验；获得建设经验；成为行业标杆；得到老年人认同；机构得到一定发展
入住率	入住率；享受服务的老年人人数增加
投诉率	投诉率
服务质量	使老年人享受到更加便利的服务；老年人身体健康水平；满足老年人需求
医养结合服务实践发展水平	建立医养结合服务标准与规范；做强做大医养结合服务；医养结合服务认同度；对医养结合服务很有信心
医养结合服务协同治理策略认同度	认为医养结合服务协同治理是合法的；认为医养结合服务协同治理是有效的

2. 构成维度形成

本部分对医养结合服务协同治理绩效的 11 个类别进行进一步凝练，提取高阶范畴，确定绩效测量维度及其指标。医养结合服务协同治理绩效维度构成分析包括三个步骤：首先，依据文献综述部分国内外文献所划分的直接绩效与间接绩效，作者将 11 个类别初步归类到直接绩效与间接绩效两个维度中；其次，焦点小组通过讨论对初步归类结果进行修正；最后，回归到访谈资料，验证初步归类的直接绩效、间接绩效的指标是否与实际访谈资料一致，并对指标归类进行再次修正。为开发具有操作化定义的测量量表，本书对类别名称的中性表述与正向表述进行归纳与提炼，处理成名词性质的编码名称，以符合测量量表维度的表述方式。最终本书确定了医养结合服务协同治理绩效的两个维度及其指标，如表 5 - 3 所示。医养结合服务协同治理绩效包括直接绩效与间接绩效，通过质性资料分析，直接绩效即多元主体参与医养结合服务合作网络所要实现的共同目标，共同目标为满足老年人需求，以医养结合服务机构为调研对象，入住率、投诉率与服务质量在协同治理前后的变化可反映老年人需求的满足情况。医养结合服务协同治理间接绩效即多元主体参与医养结合服务协同治理后，所获得的附加绩效，包括对机构发展、医养结合服务实践发展与医养结合协同治理策略的推动效果。

表 5 - 3　医养结合服务协同治理绩效维度及其指标

维度	层面	指标
直接绩效	合作网络	入住率
		投诉率
		服务质量
间接绩效	机构	机构发展水平
	医养结合服务	医养结合服务实践发展水平
	医养结合服务协同治理策略	医养结合服务协同治理策略认同度

(三)选择性编码

本书从文献资料与实践者对医养结合服务协同治理拟实现的结果与实际产生的结果的描述着手，将医养结合服务协同治理绩效的构念及其维度作为“故事线”，根据各阶范畴的编码结果，故事线具体为：医养结合服务协同治理绩效维度包括直接绩效与间接绩效。直接绩效主要产生于合作网络层面，为合作网络产生的共同效果，强调单一主体凭借自身力量无法获取的绩效。间接绩效产生于机构本身、医养结合服务本身、医养结合服务协同治理策略三个层面，强调协同治理产生的除共同目标以外的附加绩效。

三、信度、效度检验

本书分两步对质性材料编码信度进行检验。第一，在节点编码阶段，对前

35 个样本编码完成后，采用 36 号、37 号样本对之前编码进行检验，编码结果显示 36 号样本、37 号样本未出现新的编码，表明节点编码具备良好的信度。第二，采用分类一致性系数检验节点类别划分信度[283]，一致性系数如表 5－4 所示。分类一致性系数表示多位编码员之间编码一致性的比例来计算编码的正确性。其公式为

$$一致性系数 = \frac{B_1 \cap B_2 \cap B_3}{B_1 \cup B_2 \cup B_3} \quad (5-1)$$

式中：B_1、B_2 分别代表了 2 名编码者对协同治理绩效分类中涉及编码的个数，$B_1 \cap B_2$代表 2 名编码者对自由节点编码分为同一类的节点个数，$B_1 \cup B_2$ 代表每一类别中节点的总个数。分类一致性系数的计算结果如表 5－4 所示，医养结合服务协同治理绩效 11 个类别的一致性系数均超过 0.7，表明节点分类具有良好的信度。

表 5－4　质性材料类别编码一致性系数

类别名称	$B_1 \cap B_2$	$B_1 \cup B_2$	一致性系数
人力资源管理水平	10	14	0.71
服务创新水平	1	1	1
服务流程优化水平	1	1	1
业务范围	3	3	1
智能技术发展水平	1	1	1
发展潜力	5	7	0.71
入住率	2	2	1
投诉率	1	1	1
服务质量	3	3	1
医养结合服务实践发展水平	4	4	1
医养结合服务协同治理策略认同度	2	2	1

本书采用外部专家判断对编码效度进行检验，邀请 3 名养老服务课题组成员与 1 名被访谈者参与效度评价，并通过计算 3 位评判者的评价效度比来检验分类的效度。其计算公式为

$$R = \frac{A - M/2}{M/2} \quad (5-2)$$

式中:R 表示 4 位评价者对某一分类的综合评价结果,其中 A 代表认同某一分类能够完整反映访谈材料的评判者人数,M 代表评判者总人数。R 值为 1 代表评判者认为分类结果完全反映了材料的真实内容,−1 代表分类与实际访谈资料完全不匹配。效度评价结果如表 5−5 所示,11 个类别的 R 值均大于 0,表明每一个分类至少有一半的评判者认为其反映了真实的材料内容,研究具有良好的分类效度。

表 5−5 质性材料类别编码评价效度

类别名称	A	M	R
人力资源管理水平	3	4	0.5
服务创新水平	4	4	1
服务流程优化水平	4	4	1
业务范围	4	4	1
智能技术发展水平	4	4	1
发展潜力	3	4	0.5
入住率	4	4	1
投诉率	4	4	1
服务质量	3	4	0.5
医养结合服务实践发展水平	4	4	1
医养结合服务协同治理策略认同度	4	4	1

第二节 医养结合服务协同治理绩效测量量表开发与验证

一、研究设计

本章节第一部分通过分析质性资料明确了医养结合服务协同治理绩效维度及其指标。本部分通过因子分析方法对医养结合服务协同治理绩效维度进行实证检验,包括以下 3 个步骤。

(一)测量题项的开发

结合上一章质性资料分析与协同治理绩效相关文献确定初始测量题项,参考已有成熟量表,在专家和访谈资料的基础上进行本土化修正。

(二)探索性因子分析

采用探索性因子分析方法探索多元观测变量间的本质结构,并将具有复杂关系的多个变量综合为几个核心因子。本书运用主成分分析法对量表进行探索性因子分析。

(三)验证性因子分析

采用验证性因子分析对维度与其测量指标间的关系稳定性进行验证,测试因子与其相对应的测度项之间的关系是否符合研究者所设计的理论关系。

二、测量题项开发

本书以医养结合服务协同治理绩效的质性研究结果为基础,并基于文献回顾,进一步对医养结合服务协同治理绩效维度及其指标进行划分与界定,本研究邀请2名具有量表修正经验的管理学博士对题项进行评判,并从访谈资料中寻找相关维度的测量题项的证据,经过作者与2名博士生的讨论,共得到测量题项12个,作者进一步组织4位专业人士(包括博士生2名,医养结合结构负责人2名)针对题项表述的准确性、表述内容的可理解性与测量的可行性等进行讨论。

医养结合服务协同治理绩效强调基于协同治理基础所产生的医养结合服务治理效果的测量,包括共同目标的实现程度与通过协同关系产生的附加绩效,可划分为直接绩效(合作层面)与间接绩效(单一主体层面与其他收益)。参照自然资源、环境污染协同治理中,以共同目标实现程度测量直接绩效[55-57],本书以医养结合服务共同目标实现,即医养结合服务绩效(本章第一节中质性资料分析所得)测量医养结合服务协同治理直接绩效,服务绩效是协同治理绩效的指标之一。在组织协同绩效测量中,除关注共同目标实现以外,还强调协同对组织自身发展的促进作用[284],本书以机构发展水平指标回应协同治理对服务载体(组织本身)产生的额外附加效益。参照自然灾害协同治理绩效强调对协同治理策略适应性的测度[285],适应性即协同治理对复杂挑战的适应力,关注协同治理项目的推进作用与协同治理策略的认同，本书以医养结合实践发展与医养结合服务协同治理策略认同度回应适应性指标。此外，依据崇(Chong)的研究[286]，协同治理绩效的客观评价数据涉及组织机密，难以获得，且研究发现主观衡量指标和客观衡量指标之间存在着显著的正相关关系，可用主观测量指标对协同治理绩效进行测量。并对麦吉(McGee)[287]、佐洛(Zollo)[288]关于直接绩效与间接绩效的测量量表进行修正，结合医养结合服务协同治理情境以及实地访谈的反馈意见和专家意见，最终形成医养结合服务协同治理绩效的初始量表，如表 5-6 所示。表中入住率与投诉率以客观题项进行测量，入住率以 20%、40%、60%、100% 为分界点，划分为非常低到非常高 5 个级别，大于等于 0、小于 20%，代表入住率非常低，以此类推。投诉率以月投诉率测量，表示一个月内接收到的投诉次数与该月发出的服务总次数之比[289]，同样以上述方式划分为 5 个等级。

表 5-6 医养结合服务协同治理绩效测量题项

维度	指标	题项	题项借鉴来源
直接绩效	入住率	(1)本机构的入住率水平如何？	Ulibarri[248]；访谈资料
	投诉率	(2)本机构的服务投诉率水平如何？	
	服务质量	(3)本机构的服务质量如何？	
间接绩效	机构发展水平	(4)本机构养老服务智能技术发展水平如何？	任强[290]；访谈资料
		(5)本机构人力资源管理水平如何？	
		(6)本机构经常依据服务对象需求，提供新的服务项目吗？	
		(7)本机构服务流程优化水平如何？	
		(8)本机构业务范围大小如何？	
		(9)本机构发展潜力大小如何？	
	医养结合服务实践发展	(10)本区域的医养结合服务实践发展如何？	访谈资料
	医养结合服务协同治理策略认同度	(11)医养结合服务协同治理有效性如何？	Emerson[291]；访谈资料
		(12)医养结合服务协同治理合理性如何？	

三、问卷编制与数据收集

基于量表的 12 个题项，作者编制了调研问卷。问卷包括两个部分：一是答卷人基本情况，对答卷人的性别、年龄、受教育程度、职位等信息进行收集；二是医养结合服务协同治理绩效测量，采用李克特 5 点计分方法进行评分，要求答卷人根据自身掌握的实际情况进行回答。在广州市、西安市进行预调研进行小样本测试，共发放 127 份问卷，其中有效问卷 108 份，问卷有效收回率 85%。

四、探索性因子分析

本部分采用探索性因子分析对问卷数据进行分析，验证医养结合服务协同治理直接绩效与间接绩效的主要维度，并检验题项与各个维度的适配性。首先，以 KMO(Kaiser-Meyer-Olkin)值和巴特利特(Bartlett)球形度检验值确认变量间是否具有相关性或偏相关性，判定数据是否可以进行探索性因子分析。KMO 值和 Bartlett 球形度检验值如表 5－7 所示。通过表 5－7 可以看出，KMO 值为 0.925，Bartlett 球形度检验值为 0.000，符合相关要求。

表 5－7　医养结合服务协同治理绩效量表信、效度检验结果

信效度	检测指标		指标数值	项数
信度	Cronbach's α 系数		0.932	12
	KMO 值		0.925	
效度	Bartlett 球形检验	近似卡方	3316.788	
		自由度	66	
		显著性	0.000	

本书采用主成分分析法，提取特征值大于 1 的相关因子，并采用方差最大化正交旋转对指标题项进行分析，总方差解释率和正交旋转后的因子载荷结果如表 5－8、表 5－9 所示。量表的总方差解释率为 82.15%，解释率较高，符合大于 50%的标准。

变量正交旋转因子载荷矩阵结果如表 5－10 所示，基于特征值大于 1，共提取 4 个因子，各因子的测量指标的载荷值均大于 0.5，且在其他因子上的载荷均小于

0.5,表明变量表具有较好的结构效度,且因子分布结构符合预想设计的量表维度。

表 5-8 变量量表总方差解释率

成分	初始特征值			提取载荷平方和			旋转载荷平方和		
	特征值	解释比率/%	累积比率/%	特征值	解释比率/%	累积比率/%	特征值	解释比率/%	累积比率/%
1	6.98	58.18	58.18	6.98	58.18	58.18	4.28	35.68	35.68
2	1.40	11.63	69.82	1.40	11.63	69.82	2.70	22.52	58.19
3	0.93	7.71	77.53	0.93	7.71	77.52	1.70	14.09	72.28
4	0.56	4.63	82.15	0.56	4.63	82.15	1.18	9.87	82.15

注:提取方法为主成分提取法。

表 5-9 维度与其题项正交旋转因子载荷矩阵

变量	维度	题项	因子			
			1	2	3	4
医养结合服务协同治理直接绩效		入住率	0.897			
		投诉率	0.943			
		服务质量	0.787			
医养结合服务协同治理间接绩效	机构发展水平	人力资源管理		0.768		
		服务创新		0.783		
		服务流程优化		0.787		
		业务范围		0.661		
		智能技术发展		0.874		
		发展潜力		0.764		
	医养结合服务实践发展水平	医养结合服务实践发展水平			0.931	
	医养结合服务协同治理策略认同度	有效性认同				0.903

注:提取方法为主成分提取法。

五、验证性因子分析

本部分采用验证性因子分析检验探索出的因子是否能够真正地反映出所要测度的变量，检验探索出的测量量表的因子结构是否拟合数据，并依据模型拟合指标判断模型优劣。首先，依据结构方程模型方法对多阶测量模型的初始数据进行处理，机构发展水平指标值为人力资源管理水平、服务创新水平、服务流程优化水平、业务范围、智能技术发展水平与发展潜力 6 个指标值的均值；医养结合服务协同治理认同度为有效性认同度与合理性认同度的均值。其次，运用矩结构分析(analysis of moment structures，AMOS)结构方程软件对医养结合服务协同治理绩效模型的卡方比自由度(X^2/df)、拟合优度指数(goodness-of-fit index，GFI)、比较拟合指数(comparative fit index，CFI)、规范拟合指数(normed fit index，NFI)、增值拟合指数(incremental fit index，IFI)、近似均方根误差(root-mean-square error of approximation，RMSEA)指标进行计算与修正，修正后的适配度指标如表 5－10所示，均满足指标要求。

表 5－10 模型适配度指标

适配度指标	X^2/df (1—3)	GFI (>0.9)	CFI (>0.9)	NFI (>0.9)	IFI (>0.9)	RMSEA (<0.08)
值	2.500	0.989	0.995	0.992	0.995	0.065
是否符合	是	是	是	是	是	是

此外，采用聚合效度(convergent validity)测量变量内部指标的一致性，即测量相同变量的指标落在同一个因素构面上的程度，聚合效度通过维度的标准化因子载荷、平均提取方差(average variance extracted，AVE)和组合信度(composite reliability，CR)检验。采用区分效度(discriminant validity)测量两个维度的排他性，测量标准为某维度平均提取方差的平方根与该变量和其他潜变量相关系数值的相对大小，若平均提取方差的平方根均大于相对系数，表明数据具有良好的区分效度。测量结果如表 5－11、表 5－12 所示，医养结合服务协同治理直接绩效、间接绩效所对应的指标标准化因子载荷值均大于 0.50，同时两变量的组合信度分别为 0.958、0.823(>0.70)，表明两个分量表具有较好的内部一致性。两个变量的平均

提取方差分别为0.883、0.613(>0.50),表明量表具有较好的收敛效度。医养结合服务协同治理直接绩效与间接绩效各自的平均提取方差值的算数平方根均大于两者间的相关系数,说明量表具有较好的区分效度。

表5-11 各指标及其对应维度之间的载荷系数估计

路径	标准化路径系数	平均提取方差	组合信度	p值
直接绩效→入住率	0.947			
直接绩效→投诉率	0.911	0.882	0.957	***
直接绩效→服务质量	0.96			***
间接绩效→医养结合服务协同治理策略认同度	0.879			
间接绩效→机构发展水平	0.879	0.614	0.824	***
间接绩效→医养结合服务实践发展水平	0.625			***

表5-12 医养结合服务协同治理绩效测量模型区分效度

绩效分类	医养结合服务协同治理直接绩效	医养结合服务协同治理间接绩效
医养结合服务协同治理直接绩效	0.939	
医养结合服务协同治理间接绩效	0.708	0.783

注:对角线上的值为平均提取方差的平方根。

第三节 医养结合服务协同治理绩效测度结果

一、研究设计

(一)研究策略与研究方法

本节基于前述修正与验证的医养结合服务协同治理绩效测量量表,依据调研区域与调研对象特征设计问卷并进行实地调研,对收集的数据进行整理与分析。之后,采用描述性统计方法依次分析医养结合服务协同治理直接绩效与间接绩效情况,直接绩效、间接绩效及其测量指标的值均取样本平均值。其中投诉率越低,代表绩效水平越高,因此求取直接绩效值时,对投诉率进行反向计分,使其与入住率与服务质量得分方向保持一致。

(二)数据来源

本书采取分阶段抽样方法,具体做法为:第一步,从东部、西部地区分别选取处于不同医养结合服务发展阶段的广州市、西安市作为市级单位(选取原因见第三章第二节第二小节);第二步,选取广州市医养结合服务不同发展水平的 8 个区,西安市医养结合服务不同发展水平的 7 个区;第三步,基于方便抽样原则,依据广州市、西安市民政局与各区民政局推荐,抽取广州市 8 区 69 家医养结合机构、西安市 7 区 34 家医养结合机构作为机构样本,机构均为加入医养结合服务合作网络,与政府、养老机构、医疗机构协同治理医养结合服务的主体,以保证绩效数据反应的是协同治理的结果;第四步,对 103 家医养结合机构的负责人、主管医护工作或医养结合服务工作的中、高层管理人员进行半结构访谈并发放问卷。

实地调研由两个调研小组分三次进行。第一次调研由第一调研小组于 2021 年 4 月在西安市进行,涉及西安市 18 家医养结合机构,共发放 60 份问卷,收回 53 份有效问卷,有效收回率 88.3%。第二次调研由第二调研小组于 2021 年 4 月在广州市进行,涉及广州市 69 家医养结合机构,共发放 267 份问卷,收回 259 份有效问卷,有效收回率 97.0%。第三次调研由第二调研小组于 2021 年 5 月初在西安市进行,涉及 17 家医养结合机构,共发放 56 份问卷,收回 43 份问卷,有效收回率 76.8%。

(三)样本基本信息分析

本书样本所在区域、机构年龄、机构性质、机构规模、是否盈利统计结果如表 5-13所示。调查对象中广州市样本占比 73%,西安市样本占比 27%,与广州市医养结合机构总数量与西安市医养结合机构总数量的比例 3∶1(通过广州市政府与西安市民政局公开的养老机构一览表数据计算)基本一致。机构年龄、机构性质、机构规模在各个区间均有分布,其中已盈利机构占比 33.5%,尚未盈利机构占比 66.5%。本书所调查的样本结构合理,数据具有较好的代表性。

表 5-13 医养结合机构样本分布基本概况

统计指标	分类	频数	百分比
机构所在区域	广州	259	73.0%
	西安	96	27.0%
机构年龄	≤3 年	125	35.2%
	4～6 年	142	40%
	7～9 年	35	9.9%
	≥9 年	53	14.9%
机构性质	公办	79	22.3%
	公办民营	63	17.7%
	公建民营	9	2.5%
	民营	204	57.5%
机构规模	≤10 人	97	27.3%
	11～20 人	95	26.8%
	21～29 人	71	20%
	≥30 人	92	25.9%
是否盈利	盈利	119	33.5%
	尚未盈利	236	66.5%
合计		355	100%

二、医养结合服务协同治理绩效水平

（一）医养结合服务协同治理绩效水平总体特征

表 5-14 显示了调研地区医养结合服务协同治理直接绩效的总体特征。从表 5-14 可知，调研区域医养结合服务协同治理的直接绩效为 3.65，略高于一般水平，尚未达到良好。其中，医养结合机构的入住率“高”与“非常高”的比例分别为 50.14%、23.10%，接近全样本的三分之二，入住率均值为 3.80，反映了入住率较高。投诉率“低”与“非常低”的比例分别为 22.82%、18.59%，未超过全样本的一半，投诉率均值为 2.66，反映了部分机构投诉率较低，可能的原因为：影响投诉率

的因素除了来自服务供给方以外，还有可能受到服务对象主观因素影响，正如部分机构高层管理者所言："机构存在投诉是很正常的现象，因为众口难调，总有一些方面做得令老年人不满意……"服务质量"好"与"非常好"的比例分别为 52.68%、23.10%，超过全样本的三分之二，服务质量均值为 3.82，反映了大部分机构服务质量较好。

表 5-14　医养结合服务协同治理直接绩效特征(N=355)

变量	指标	选项	样本量	比例(%)	均值
直接绩效(3.65)	入住率	非常低	6	1.69	3.80
		低	45	12.68	
		一般	44	12.39	
		高	178	50.14	
		非常高	82	23.10	
	投诉率	非常低	66	18.59	2.66
		低	81	22.82	
		一般	142	40.00	
		高	41	11.55	
		非常高	25	7.04	
	服务质量	非常差	9	2.54	3.82
		差	42	11.83	
		一般	35	9.86	
		好	187	52.68	
		非常好	82	23.10	

表 5-15 显示了调研地区医养结合服务协同治理间接绩效的总体特征。从表 5-15 可知，调研区域医养结合服务协同治理的间接绩效为 3.82，高于一般水平，且高于直接绩效，尚未达到良好。其中，机构智能技术发展水平"高"与"非常高"的比例分别为 36.06%、12.68%，接近全样本的二分之一；机构人力资源管理水平"高"与"非常高"的比例分别为 32.11%、31.83%，超过全样本的二分之一；机构服务创新水平"高"与"非常高"的比例分别为 41.13%、19.72%，超过全样本的二分

之一；机构服务流程优化水平“高”与“非常高”的比例分别为 31.55％、23.94％，超过全样本的二分之一；机构业务范围“大”与“非常大”的比例分别为 46.20％、21.97％，超过全样本的二分之一；机构发展潜力“大”与“非常大”的比例分别为 30.99％、36.06％，超过全样本的二分之一；除智能技术水平外，其余机构发展水平指标均值均超过 3.5，机构发展水平总均值为 3.59，反映了大多数机构发展水平较高；医养结合服务实践发展水平“高”与“非常高”的比例分别为 38.03％、55.77％，超过全样本的 90％，均值为 4.48，反映了医养结合服务实践取得了较快发展；医养结合服务协同治理策略“有效”与“非常有效”的比例分别为 47.32％、38.59％，接近全样本的 90％，反映了几乎 90％的机构加入合作网络后，认为医养结合服务协同治理策略是有效的；医养结合服务协同治理策略“合理”与“完全合理”的比例分别为 41.41％、44.23％，接近全样本的 90％，反映了几乎 90％的机构认同多元主体协同治理医养结合服务是合适的，医养结合服务协同治理策略认同度的均值为 4.21，表明医养结合服务协同治理策略认同度较高。

表 5－15 医养结合服务协同治理间接绩效特征(N＝355)

变量	指标	测量题项	选项	样本量	比例/％	均值
间接绩效(3.82)	机构发展水平(3.59)	智能技术发展水平	非常低	67	18.87	3.10
			低	47	13.24	
			一般	68	19.15	
			高	128	36.06	
			非常高	45	12.68	
		人力资源管理水平	非常低	22	6.20	3.67
			低	59	16.62	
			一般	47	13.24	
			高	114	32.11	
			非常高	113	31.83	

续表

变量	指标	测量题项	选项	样本量	比例/%	均值
间接绩效(3.82)	机构发展水平(3.59)	服务创新水平	非常低	10	2.82	3.60
			低	54	15.21	
			一般	75	21.13	
			高	146	41.13	
			非常高	70	19.72	
		服务流程优化水平	非常低	21	5.92	3.47
			低	72	20.28	
			一般	65	18.31	
			高	112	31.55	
			非常高	85	23.94	
		业务范围	非常小	13	3.66	3.75
			小	27	7.61	
			一般	73	20.56	
			大	164	46.20	
			非常大	78	21.97	
		发展潜力	非常小	7	1.97	3.94
			小	19	5.35	
			一般	91	25.63	
			大	110	30.99	
			非常大	128	36.06	
	医养结合服务实践发展水平(4.48)		非常低	1	0.28	4.48
			低	5	1.41	
			一般	16	4.51	
			高	135	38.03	
			非常高	198	55.77	
	医养结合服务协同治理策略认同度(4.21)	有效性	完全无效	4	1.13	4.09
			无效	15	4.23	
			一般	31	8.73	
			有效	168	47.32	
			非常有效	137	38.59	
		合理性	完全不合理	2	0.56	4.23
			不合理	19	5.35	
			一般	30	8.45	
			合理	147	41.41	
			完全合理	157	44.23	

(二)医养结合服务协同治理绩效水平区域特征

以广州为代表的东部地区与以西安为代表的西部地区医养结合服务协同治理绩效水平呈现出差异化的特征。

医养结合服务协同治理直接绩效水平区域特征如表 5-16 所示。广州市直接绩效水平均高于西安市与全区域样本均值,其中入住率与服务质量均值均超过 4,达到较好以上。相反,西安市直接绩效水平低于全样本的均值,入住率与服务质量均值均低于 3,未达到一般水平。但值得关注的是,广州市直接绩效中的投诉率均高于西安市与全区域样本均值,高于 3.5,超过一般水平。结合访谈资料,多数被访谈者认为投诉是医养结合机构中常见的、不可避免的现象,投诉率与机构的服务水平有关,同时也与服务对象特征相关。广州市医养结合服务协同治理中投诉率略高,与所在区域服务对象及其家属较高的维权意识相关。对比结果表明,与西安市相比较,当前广州市医养结合服务协同治理目标实现程度较高,直接效果较好,但直接绩效水平仍有待进一步提高。与广州市相比,西安市医养结合服务协同治理需进一步强调共同目标实现的程度,关注入住率与服务质量提升,以进一步提升协同治理直接绩效,实现协同治理价值。

表 5-16 医养结合服务协同治理直接绩效特征(分区域)

区域	变量	指标	选项	样本量	比例/%	均值
广州市 (N=259)	直接绩效 (3.54)	入住率	非常低	1	0.39	4.11
			低	13	5.02	
			一般	9	3.47	
			高	168	64.86	
			非常高	68	26.25	
		投诉率	非常低	6	2.32	3.62
			低	6	2.32	
			一般	121	46.72	
			高	73	28.19	
			非常高	53	20.46	
		服务质量	非常差	1	0.39	4.13
			差	12	4.63	
			一般	5	1.93	
			好	175	67.57	
			非常好	66	25.48	

续表

区域	变量	指标	选项	样本量	比例/%	均值
西安市（N=96）	直接绩效（3.12）	入住率	非常低	5	5.21	3.96
			低	32	33.33	
			一般	35	36.46	
			高	10	10.42	
			非常高	14	14.58	
		投诉率	非常低	19	19.79	2.59
			低	35	36.46	
			一般	21	21.88	
			高	8	8.33	
			非常高	13	13.54	
		服务质量	非常差	8	8.33	2.98
			差	30	31.25	
			一般	30	31.25	
			好	12	12.50	
			非常好	16	16.00	

医养结合服务协同治理间接绩效水平区域特征如表5－17、表5－18所示。广州市间接绩效水平均高于西安市与全区域样本均值，其中医养结合服务实践发展水平与医养结合服务协同治理策略认同度均值均超过4，达到较好以上；机构发展水平均值3.94，接近较好。相反，西安市间接绩效水平低于全样本均值，且机构发展水平、医养结合服务实践发展水平与医养结合服务协同治理策略认同度3项指标均值均低于广州市与全区域样本均值。其中机构发展水平尚未达到一般，医养结合服务协同治理策略认同度接近较好，仅医养结合服务实践发展水平超过较好水平。对比结果表明，与西安市相比较，当前广州市医养结合服务协同治理附加收益较大，间接效果较好，但间接绩效水平仍有提升空间。与广州市相比，西安市医养结合服务协同治理对各个参与主体自身发展的促进作用较小，在协同治理过程中仍需关注参与者需求，以实现合作网络层面与参与者层面双赢。广州市、西安市间接绩效水平中，医养结合服务实践发展水平均超过4，表明医养结合服务协同治理对医养结合服务实践具有较大促进作用，是值得扩散与完善的政策导向与实践形式。

表 5－17　广州市医养结合服务协同治理间接绩效特征($N=259$)

变量	指标	测量题项	选项	样本量	比例/%	均值
间接绩效(4.30)	机构发展水平(3.94)	智能技术发展水平	非常低	12	4.63	3.51
			低	32	12.36	
			一般	60	23.17	
			高	121	46.72	
			非常高	34	13.13	
		人力资源管理水平	非常低	1	0.39	4.12
			低	14	5.41	
			一般	38	14.67	
			高	106	40.93	
			非常高	100	38.61	
		服务创新水平	非常低	0	0.00	3.90
			低	16	6.18	
			一般	52	20.08	
			高	133	51.35	
			非常高	58	22.39	
		流程优化水平	非常低	0	0	3.83
			低	30	11.58	
			一般	53	20.46	
			高	106	40.93	
			非常高	70	27.03	
		业务范围	非常小	1	0.39	4.05
			小	8	3.09	
			一般	33	12.74	
			大	152	58.69	
			非常大	65	25.10	
		发展潜力	非常小	1	0.39	4.25
			小	4	1.54	
			一般	39	15.06	
			大	100	38.61	
			非常大	115	44.40	
	医养结合服务实践发展水平(4.56)		非常低	0	0	4.56
			低	2	0.77	
			一般	2	0.77	
			高	103	39.77	
			非常高	152	58.69	
	医养结合服务协同治理策略认同度(4.39)	有效性	完全无效	0	0	4.32
			无效	0	0	
			一般	19	7.34	
			有效	138	53.28	
			非常有效	102	39.38	
		合理性	完全不合理	0	0	4.46
			不合理	0	0	
			一般	22	8.49	
			合理	117	45.17	
			完全合理	120	46.33	

表 5－18　西安市医养结合服务协同治理间接绩效特征（N＝96）

变量	指标	测量题项	选项	样本量	比例/%	均值
间接绩效（3.56）	机构发展水平（2.63）	智能技术发展水平	非常低	55	57.29	2.00
			低	15	15.63	
			一般	8	8.33	
			高	7	7.29	
			非常高	11	11.46	
		人力资源管理水平	非常低	21	21.88	2.45
			低	45	46.88	
			一般	9	9.38	
			高	8	8.33	
			非常高	13	13.54	
		服务创新水平	非常低	10	10.42	2.78
			低	38	39.58	
			一般	23	23.96	
			高	13	13.54	
			非常高	12	12.50	
		流程优化水平	非常低	21	21.88	2.50
			低	42	43.75	
			一般	12	12.50	
			高	6	6.25	
			非常高	15	15.63	
		业务范围	非常小	12	12.50	2.95
			小	19	19.79	
			一般	40	41.67	
			大	12	12.50	
			非常大	13	13.54	
		发展潜力	非常小	6	6.25	3.09
			小	15	15.63	
			一般	52	54.17	
			大	10	10.42	
			非常大	13	13.54	
	医养结合服务实践发展水平（4.24）		非常低	1	1.04	4.24
			低	3	3.13	
			一般	14	14.58	
			高	32	33.33	
			非常高	46	47.92	

续表

变量	指标	测量题项	选项	样本量	比例/%	均值
间接绩效(3.56)	医养结合服务协同治理策略认同度(3.82)	有效性	完全无效	4	4.17	3.80
			无效	15	15.63	
			一般	12	12.50	
			有效	30	31.25	
			非常有效	35	36.46	
		合理性	完全不合理	2	2.08	3.84
			不合理	19	19.79	
			一般	8	8.33	
			合理	30	31.25	
			完全合理	37	38.54	

第四节 本章小结

本章通过测量维度构建、量表设计与绩效水平测度对医养结合服务协同治理绩效进行研究。首先,采用扎根理论方法,收集多个关于医养结合服务协同治理绩效的案例的访谈资料,并对质性资料进行处理,剖析医养结合服务协同治理直接绩效、间接绩效的构成维度;其次,基于相关文献与实地访谈资料,修正相关量表,设计医养结合服务协同治理直接绩效、间接绩效的量表,运用探索性因子分析、验证性因子分析等方法检验量表的信度、效度与适用性;最后,基于修正与验证后的医养结合服务协同治理绩效量表,设计调研方案,运用描述性统计方法测度调研地区医养结合服务协同治理绩效水平。

医养结合服务协同治理绩效包括直接绩效与间接绩效两个维度。直接绩效强调合作网络产生的效果,即多元主体参与医养结合服务合作网络所要实现的共同目标,测量指标包括入住率、投诉率与服务质量;间接绩效强调协同治理产生的除共同目标以外的附加绩效,测量维度包括机构发展水平、医养结合服务实践发展水平、医养结合服务协同治理策略认同度。

医养结合服务协同治理绩效量表分为直接绩效测量量表与间接绩效测量量表。直接绩效由入住率、投诉率与服务质量 3 个维度进行测量,共包含“本机构的入住率如何”“本机构的投诉率变化如何”“本机构的服务质量水平如何”3 个具体题项。间接绩效由机构发展水平、医养结合服务实践发展水平与医养结合服务协同治理策略认同度3个维度进行测量，共包含“本机构养老服务智能技术水平如何”“本机构人力资源管理水平如何”与“本机构是否更替了过时的服务”等9个题项。题项均采用李克特5点计分方法。探索性因子分析与验证性因子分析结果显示量表具有良好的信度、效度。

测度结果显示，调研地区医养结合服务协同治理的直接绩效为3.65，略高于一般水平，尚未达到良好。其中机构入住率均值为3.80，投诉率均值为2.66，服务质量水平均值为3.82。医养结合服务协同治理的间接绩效为3.82，高于一般水平，且高于直接绩效，尚未达到良好。机构发展水平均值为3.59，除智能技术水平外，人力资源管理水平、服务创新水平、流程优化水平、业务范围大小与发展潜力均值均超过3.5；医养结合服务实践发展水平均值为4.48，医养结合服务协同治理策略认同度均值为4.21；机构发展水平、医养结合服务实践发展水平与医养结合服务协同治理策略认同度得分均超过3.5，两项超过4.2。

此外，以广州为代表的东部地区与以西安为代表的西部地区医养结合服务协同治理绩效水平呈现出差异化的特征。广州市医养结合服务协同治理直接绩效水平与间接绩效水平均高于西安市与全区域样本均值，表明当前广州市医养结合服务协同治理直接效果与间接效果较好，但绩效水平仍有待提升。

第六章

医养结合服务合作网络对其协同治理绩效的影响

本章分析“医养结合服务合作网络对其协同治理绩效的影响”，探讨形成后的合作网络特征对其协同治理绩效的影响，不同合作网络特征代表不同发展阶段的合作网络。探讨形成后的合作网络由于网络规模、联系、关系质量与治理机制的差异，对医养结合服务协同治理绩效产生的不同影响，关注合作网络形成后医养结合服务合作网络的差异化特征及其对协同治理绩效的影响机理。本章是“医养结合服务合作网络形成”延续性研究。

第一节　研究设计

一、理论分析框架与研究假设提出

(一)理论分析框架

依据“医养结合服务合作网络形成及其对协同治理绩效影响的理论分析框架”，本书将合作网络划分为网络结构、网络治理机制与关系质量；将协同治理绩效划分为直接绩效与间接绩效。在上述基础上，依据文献将网络治理机制划分为契约治理机制与关系治理机制。理论模型主要包括网络结构、契约治理机制、关系治理机制、关系质量、医养结合服务协同治理直接绩效、医养结合服务协同治理间接绩效之间的关系。

基于第三章分析框架中对合作网络维度的划分，结合相关理论与文献，本书构建了医养结合服务合作网络对其协同治理绩效影响的理论分析框架，如图 6－1 所示。合作网络对协同治理绩效的影响可以在组织间合作研究、协同创新研究与公共服务协同治理研究中找到支撑依据。但当前研究多集中于合作网络与直接绩效的关系分析，忽视了间接绩效，或将直接绩效与间接绩效进行混合评价，较少分析因素影响直接绩效与间接绩效的差异性。伯恩斯坦等研究表明，社区服务协同治理网络结构与治理的附加绩效有着密切关系[292]；阿莉娅（Alia）、弗里德曼（Freedman）等研究发现，农贸市场合作网络不仅增加了销售量，还促进了参与者的市场活力与当期社区更大的社会联系网络[293]。但关于合作网络特征与公共服务协同治理间接绩效的关系以及合作网络特征与直接绩效、间接绩效影响机制的差异性研究依旧极为缺乏。依据制度性集体行动（ICA）理论，合作网络中参与者行为具有有限理性[294]，合作网络成员不仅考虑协同治理共同目标实现的程度与可能性，还包括自身利益获得的多少与可能性，在综合成本和收益评估的基础上，决定是否加入网络与投入资源。因此，公共服务协同治理项目有效实施绩效包括直接绩效与间接绩效的实现。与以往组织间合作绩效与公共服务协同治理的研究不同，本书强调合作网络对直接绩效与间接绩效的差异化路径机制，将关系治理机制与关系质量加以区分，并纳入同一个模型。具体机制表现为网络结构、网络治理机制通过关系质量，分别对直接绩效、间接绩效产生正向影响；正式治理机制直接影响直接绩效，关系治理机制直接影响间接绩效。具体的理论分析框架构建依据将在下文“研究假设提出”部分做出详细解释。

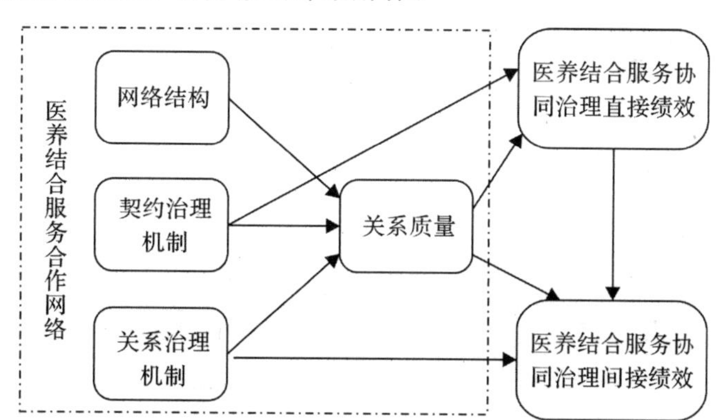

图 6-1　医养结合服务合作网络对其协同治理绩效影响的理论分析框架

（二）研究假设提出

合作网络对医养结合服务协同治理绩效的影响理论模型由 2 种影响关系、6 个变量构成，实证研究的目的是验证影响机制的直接效应与中介效应。本部分结合现有研究文献中的经典理论与观点，对分析框架中的各要素之间的关系进行假设。

1. 合作网络关系质量与协同治理绩效

关系质量是合作网络关系水平的客观评价，通常包括信任、承诺等核心维度[295]。依据近关系理论，良好的关系质量可降低多元主体间信息、资源交换的沟通成本与协调成本，进而提高合作网络中信息、资源交换的数量和质量，直接影响协同治理绩效[296]。此外，组织间信任关系提高了参与主体的学习意愿，降低了双方的机会主义和不确定行为，带来更高程度的知识转移和联合能力，保证了共同目标的顺利实现[297]。当参与主体对合作做出承诺时，他们会投入足够的资源来维持这种关系并使其成功[298]。在关系营销领域与企业间合作联盟领域，关系质量已被证明可以产生任务绩效和关系绩效。例如，法因斯(Fynes)、奥特里(Autry)等人研究表明，关系质量可以提高经营绩效[299]、市场和财务绩效[300]；法因斯的研究表明关系质量与绩效满意度存在密切关系[301]。在公共服务协同治理领域，同样有充分证据证明关系质量与协同治理绩效间的显著关系。例如，关于马来西亚犯罪控制协同治理的研究表明，承诺与信任会影响犯罪控制的成败[302]；一些学者实证验证了相互信任、互惠承诺与灾害救援服务协同治理绩效的显著正相关关系[303]。医养结合服务协同治理鼓励合作伙伴通过信任、承诺促进主体间信息、医疗与养老等资源的交换，并允许合作伙伴澄清问题，并公平地解决冲突，以提升医养结合服务质量与单个参与主体自身利益的实现。因此，本书提出如下假设：

H1：合作网络关系质量对医养结合服务协同治理直接绩效具有显著的正向影响。

H2：合作网络关系质量对医养结合服务协同治理间接绩效具有显著的正向影响。

2. 合作网络结构与协同治理绩效

合作网络结构是指多个参与者在一个或多个领域范围内产生合作所形成的关系分布特征与客观存在的联系[304]，包括网络规模、网络联系与网络稳定性。网络结构与协同治理绩效的关系研究结论尚未取得一致。一部分实证研究表明合作网络规模、网络联系、网络稳定性与公共服务协同治理绩效间存在正向影响关系。例如，康利等研究发现具有特定知识的个人与更广泛的专业团体联系起来的合作网络对加纳的新农业技术采用有显著影响[305]。有学者研究表明合作网络稳定性有利于确保社区服务协同治理项目的资金[306]。另一部分实证研究结果表明，网络规模、网络联系与网络稳定性与协同治理绩效负相关[307-308]。然而相关研究表明合作网络结构与关系质量存在显著正向关系。依据社会资本理论，组织获取外部资源的数量与质量取决于组织间的社会关系联结水平[309]。网络规模直接反映了合作者的数量，较大的网络规模表明网络具有丰富的社会关系，可抵御来自网络外部参与者的挑战，减少内部参与者搜寻、获取资源支持的时间与精力，更加有效地解决问题，提升网络资源交换水平。网络联系是指合作互动行为的频繁程度，反映了合作者间的凝聚力，具有凝聚力的合作网络允许成员展开交流、解决分歧、建立信任[310]。网络稳定性是指网络成员的稳定性，稳定的网络结构通过重复的互动，增强了合作者之间的可信度与信任水平，是有效网络一致行动的先决条件[311]。

养老机构作为医养结合服务核心载体，由于人力、财力与物力限制，大多数不具备独立实施医养结合所需的所有资源，他们与政府、医疗机构与社会组织等主动或被动地联系，形成特定性质的网络结构，网络结构塑造了参与者之间的关系与集体行为特征。基于网络结构形成的主体间长期互动关系与信任可减少合作中对其他行动者进行信息搜集的成本，促进政策、信息与知识等资源的交换与共享，提升参与者满意度，避免机会主义[312]，促进协同治理绩效的实现。因此，本书提出如下假设：

H3：合作网络结构通过关系质量对医养结合服务协同治理直接绩效、间接绩效具有显著的正向影响。

3. 合作网络治理机制与协同治理绩效

契约治理依靠详细的合同对网络成员进行规范[313]，合同规定成员的权利和义务、责任与风险分担，也包括对不同行动主体收益、成本进行具体分配[314]。依据交易成本理论，合同通过明确网络成员之间的合作规则，以抑制参与者的机会主义行为，减少矛盾，降低合作网络的管理成本，从而有利于提高协同治理绩效[315]。医养结合服务协同治理绩效包括直接绩效与间接绩效，直接绩效是合作所要实现的共同目标，是合同的核心保障内容。间接绩效是协同治理直接绩效的附加绩效，一般不作为合作目标的硬性指标。因此，本书提出如下假设：

H4：契约治理机制对医养结合服务协同治理直接绩效具有显著的正向影响。

关系治理机制是一种依赖情感、信任、互惠行为的非正式治理机制[316]。依据关系交换理论，关系治理是一种自我执行的治理机制，网络成员在这种机制下，通过相互理解、反复互动，产生互惠的交换行为[317]。同时，关系治理有助于克服合同内容的不完全性，与契约治理在促进组织绩效上具有互补性[318]。然而，借鉴关系营销理论，关系治理鼓励个体互动与自愿行动[319]，可创造卓越的关系价值[320]，关系价值包括合作伙伴的创新能力与声誉等[321]。此外，战略联盟关系的相关研究结论表明，关系网络能够促进知识的获取、转移和创造[322]，从而增加合作网络中参与主体实现单个组织利益，例如，降低成本，增强适应能力和创新能力[323]。医养结合服务协同治理间接绩效是指单个参与主体获得的有利结果，与关系价值、战略联盟的单个组织利益的内涵基本一致。因此，本书提出如下假设：

H5：关系治理机制对医养结合服务协同治理间接绩效具有显著的正向影响。

治理机制是合作网络创造资源互补机会和解决资源协调问题的关键，当合作伙伴交换资产、知识与能力等资源并且采用有效的治理机制时，网络关系会产生更好的结果[324]。合作网络可通过契约治理与关系治理管理网络成员行为，提升关系质量，实现合作绩效。通过契约治理机制在合作中建立完善的合同控制，规定参与主体的角色、责任，保障参与主体执行合同内容，可预防机会主义行为，解决潜在冲突，促进合作关系质量与稳定性，提高绩效满意度[325]。关系治理机制强调依赖包含信任和承诺在内的社会规范治理[326]，可提高协同治理的稳定性和成功率[327]。通过协调关系的技巧、大量的情感投入等关系治理机制，有助于增进参与主体间的互信与互惠承诺，减弱资源交换风险[328]。实证研究表明，关系控制与信任相关，信任能提高合作绩效[329]。网络治理机制是网络运行的重要因素，医养结合服务合作网络的有效协同需网络治理机制对多元关系的约束和调节，提升参与主体间信任、互惠等关系质量，进而促进协同治理绩效的实现。因此，本书提出如下假设：

H6：契约治理机制通过关系质量对医养结合服务协同治理直接绩效、间接绩效产生显著的正向影响。

H7：关系治理机制通过关系质量对医养结合服务协同治理直接绩效、间接绩效产生显著的正向影响。

二、变量设置

(一)确定变量的原始题项与修正变量题项

本书通过借鉴、修正国内外相关研究的成熟量表构建医养结合服务合作网络结构、治理机制、关系质量与协同治理绩效的测量量表。第一,梳理国内外管理学、社会学的相关文献,提炼与研究变量的初始量表,以确保量表具有较高的信度和效度。第二,对原始量表题项的应用情境与话语表述进行分析,以提升量表在医养结合服务协同治理中的适用性。在量表中,网络规模指标的测量以具体合作者数量表示,其他题项均采用李克特5点量表设置题项,其中"1"代表完全不赞同,"2"代表不赞同,"3"代表一般,"4"代表赞同,"5"代表完全赞同。

基于网络结构的定义,借鉴马达范等(Madhavan)[330]与汪蕾等[331]编制的量表,本书将医养结合服务合作网络结构划分为网络规模、网络联系与网络稳定性。借鉴李等(Li)[332]治理机制量表,对契约治理机制与关系治理机制进行测度。借鉴蔡(Cai)等[333]与坎农(Cannon)[334]等的研究,从医养结合服务协同治理的合同责任分配机制、监督与控制机制、利益分配机制三个题项对契约治理机制进行测量。借鉴林(Lin)[335]等与严(Yan)、邓(Deng)[336]关系治理机制测量量表,从情感投入、人情交换、非正式沟通三个维度设置题项。借鉴埃里克松(Eriksson)、拉恩(Laan)[337]与马鸿佳等[338]的研究,从信任、承诺、合作与资源交换维度设置题项。医养结合服务协同治理绩效采用第五章修正的量表进行测量,这里不再做详细论述。本书各变量的测量题项如表6-1所示。

表6-1 医养结合服务协同治理相关变量的测量题项

变量	指标	测量题项	测量依据
网络结构	网络规模	与本机构进行医养结合服务协同治理的合作伙伴的数量(包括政府部门、养老机构、医疗机构、社会组织与其他组织的数量)	Madhavan 等[330];汪蕾等[331]
	网络联系	本机构与合作伙伴联系紧密	
	网络稳定性	本机构与合作伙伴成员稳定	

续表

变量	指标	测量题项	测量依据
契约治理机制	责任分配	本机构通过与合作伙伴签订包含详细规定责任分配内容的合同治理合作网络	Cai 等[333]；Cannon 等[334]
	监督控制	本机构通过与合作伙伴签订包含详细规定监督控制内容的合同治理合作网络	
	利益分配	本机构通过与合作伙伴签订包含详细规定利益分配内容的合同治理合作网络	
关系治理机制	情感投入	(1)本机构的管理者经常邀请合作伙伴共同参加休闲活动(例如户外运动、非正式的饭局等) (2)做重要决定时我们会考虑合作伙伴的感受 (3)我们尽一切努力与其他合作者保持良好的私人关系	Lin 等[335]；Yan 等[336]
	人情交换	(1)我们会做一些有利于合作伙伴的事项，即使没有额外收益 (2)在合作项目以外，我们会把本组织的资源介绍给合作伙伴 (3)当合作伙伴遇到其他困难(合作项目以外的困难)时，我们会给予帮助	Lin 等[335]；Yan 等[336]
	非正式沟通	在正式沟通规定的内容以外，我们也会将可能影响合作伙伴的信息告知对方	

续表

变量	指标	测量题项	测量依据
关系质量	信任	(1)我们相信合作伙伴有能力完成合作任务 (2)我们相信合作伙伴会考虑多方利益，而不仅仅是自身利益 (3)我们相信合作伙伴的目标与合作目标是一致的	Eriksson 和 Laan[337]；马鸿佳等[338]
	承诺	(1)合作伙伴能够遵守承诺 (2)合作伙伴努力实现合作目标	
	合作	(1)本机构与合作伙伴共同参与合作计划 (2)本机构与合作伙伴共同解决合作中遇到的困难	
	资源交换	(1)合作伙伴与本机构会进行资源交换 (2)在合作项目推进中遇到困难时，我们能够容易获取合作伙伴的支持	
直接绩效	入住率	请评价本机构的入住率水平	本书第五章医养结合服务协同治理绩效量表
	投诉率	请评价本机构的投诉率水平	
	服务质量	请评价本机构的服务质量	
间接绩效	机构发展水平	(1)请评价本机构养老服务智能技术发展水平 (2)请评价本机构人力资源管理水平 (3)本机构经常依据服务对象需求，提供新的服务项目 (4)请评价本机构服务流程水平 (5)请评价本机构业务范围大小 (6)请评价本机构发展潜力大小	本书第五章医养结合服务协同治理绩效量表
	医养结合服务实践发展水平	请评价本区域的医养结合服务实践发展水平	
	医养结合服务协同治理策略认同度	(1)请评价医养结合服务协同治理的有效性 (2)请评价医养结合服务协同治理的合理性	

（二）样本测试

基于变量测量的初步量表，本书设计了包含27项问题的初始问卷。为确保问卷的信度、效度与适用性，在广州市、西安市进行预调研并进行了小样本测试，共发放127份问卷，其中有效问卷108份，问卷有效收回率85%。预调研样本的Cronbach's α 系数为0.959，大于0.7，KMO检验系数为0.928，大于0.5，Bartlett球形检验的显著性水平为 $p=0.000$，小于0.005。检验结果表明量表的信度和效度良好，可以进行正式调研。

三、数据来源

本书通过对调研对象、调研区域进行限制，以准确获取数据。首先，本书研究的问题是关于医养结合服务协同治理，因此选取医养结合服务协同治理核心主体医养结合机构作为调研单位，并限定被调查对象为对医养结合服务有深入、详细了解的机构高层、中层管理人员，即机构负责人、总经理、医护部主任、服务部主任等。其次，因考虑不同地区医养结合服务发展阶段的差异性，基于样本代表性，选取广州市、西安市两地进行问卷收集。广州市、西安市医养结合服务政策发展与实践发展程度上有所差异，分别代表我国医养结合服务发展较快和相对缓慢的两个区域，从这两个区域获取的医养结合服务协同治理的相关数据具有一定的代表性。本书第三章第二节第二小节与第五章第三节第一小节中数据来源与样本基本信息对样本选择原因、抽样方法、调研过程做了详细介绍，这里不再赘述。三次调研共收集355份问卷，问卷有效回收率为87.43%。问卷数量大于结构方式模型分析所需的最小样本量200，且大于变量数的5倍(300)，样本数量符合方法要求，可用于数据分析。

四、描述性统计分析

通过对样本数据的描述性统计分析，描述医养结合服务合作网络实践现状。依据变量设置，合作网络特征由网络结构、关系质量与治理机制呈现。网络结构以网络规模、网络联系与网络稳定性测度，包括1—5个等级。契约治理机制、关系治理机制、关系质量由其对应的题项得分加总后求均值获得。

数据分析结果(见表6-2)显示，整体上合作网络规模、网络稳定性、契约治理水平、关系治理水平与关系质量均大于3小于4，网络联系小于3。表明当前总体上我国医养结合服务合作网络一般由 3～4 个主体构成(依据问卷确定);主体间联系紧密程度不足,尚未达到一般水平;主体间关系稳定性高于一般水平,但仍未达到较为紧密状态;契约治理与关系治理均达到一般水平,但未达到较高水平;关系质量接近较高水平。

表 6-2　样本数据描述性统计结果

变量	合作网络特征值		
	广州市(n=259)	西安市(n=96)	总样本(n=355)
网络规模	3.45	2.58	3.22
网络联系	2.73	2.43	2.65
网络稳定性	4.11	2.87	3.77
契约治理机制	3.87	3.15	3.67
关系治理机制	3.57	2.76	3.35
关系质量	4.11	2.98	3.81

同时,以广州为代表的东部地区与以西安为代表的西部地区医养结合服务合作网络呈现出差异化的特征。广州市合作网络规模、网络联系、网络稳定性、契约治理机制、关系治理机制与关系质量的水平均高于西安市与全区域样本均值,其中稳定性与关系质量均值均超过 4,达到较好以上,其余指标除网络联系以外,得分均接近或超过 3.5;相反,西安市合作网络的各项指标均低于全样本的均值,且除了契约治理水平略超过 3 以外,其余指标均低于 3,未达到一般水平。对比结果表明,与西安市相比较,当前广州市医养结合服务合作较为成熟,发展程度较高,但仍有待进一步完善。

五、研究方法

本章主要分析医养结合服务合作网络关系质量、网络结构、契约治理机制、关系治理机制对协同治理绩效产生影响的路径与机理,包括直接关系与中介效应的验证。同时,自变量关系质量、网络结构、契约治理机制、关系治理机制与因变量协同治理直接绩效、协同治理间接绩效均为无法直接测量的潜在变量,需要通过观测变量量化所得。结构方程模型(structural equation model,SEM)可分析变量之间的复杂关系，整合了路径分析与因子分析，能够同时检验模型中潜在变量、观测变量、误差变量间的关系，获得自变量影响因变量的直接效果、间接效果与总效果[339]。因此，本章采用结构方程模型分析医养结合服务合作网络对协同治理绩效的影响。

结构方程模型由测量模型和结构模型组成。测量模型测度观测变量与潜变量的关系，结构模型测度潜变量间的关系。本书的关系质量、网络结构、契约治理机制、关系治理机制、协同治理直接绩效与协同治理间接绩效为潜变量，潜变量下的测量指标为观测变量。构建测量模型与结构模型如下：

1. 测量模型表达式

$$Y = \boldsymbol{\Lambda}_Y \boldsymbol{\eta} + \varepsilon \tag{6-1}$$

$$X = \boldsymbol{\Lambda}_X \xi + \sigma \tag{6-2}$$

式中：Y 为内生观测变量，$\boldsymbol{\eta}$ 为内生潜变量矩阵，$\boldsymbol{\eta}$ 包括关系质量、协同治理直接绩效与协同治理间接绩效；X 为外生观测变量，$\boldsymbol{\xi}$ 为外生潜变量矩阵，$\boldsymbol{\xi}$ 包括网络结构、契约治理机制与关系治理机制；$\boldsymbol{\Lambda}_X$ 与 $\boldsymbol{\Lambda}_Y$ 分别为观测变量 X、Y 的因素负荷量矩阵；ε、δ 分别为内外生变量测量模型的残差项。且潜变量与残差项相互独立。

2. 结构模型表达式

$$\boldsymbol{\eta} = \boldsymbol{B}\boldsymbol{\eta} + \Gamma X + \phi \tag{6-3}$$

式中：$\boldsymbol{B}$ 为内生潜变量间关系的系数矩阵，Γ 为外生潜变量关系质量、网络结构、契约治理机制与关系治理机制对内生潜变量关系质量、协同治理直接绩效、协同治理间接绩效的影响关系系数，ϕ 为残差项。

第二节　结构方程模型分析

一、样本检验

（一）正态性检验

采用极大似然法（maximum likelihood estimation，MLE）参数估计方法对结构方程模型进行检验，测量变量需满足多元正态分布。当偏度系数小于 2、峰度系数小于 7 时，采用极大似然法估计是稳健的。计算结果如表 6-3 所示，观测变量的偏度值绝对值均小于 2、峰度绝对者均小于 3，表明数据适用于极大似然法。

表 6-3　测量量表的正态性检验结果

变量名称	最小值	最大值	偏度	峰度
网络规模	1.500	5.000	−0.187	−0.349
网络联系	2.000	5.000	−0.336	−0.336
网络稳定性	1.000	5.000	−0.750	−0.317
责任分配	1.000	5.000	−0.754	0.010
监督控制	1.000	5.000	−0.799	0.384
利益分配	1.000	5.000	−0.273	−0.396
情感投入	1.000	5.000	0.120	−0.955
人情交换	1.000	5.000	−0.172	−0.928
非正式沟通	1.000	5.000	−0.234	−0.758
合作	1.000	5.000	−0.763	−0.056
承诺	1.000	5.000	−0.995	0.495
信任	1.000	5.000	0.888	−0.086
资源交换水平	1.000	5.000	−0.545	−0.342
投诉率	1.000	5.000	−0.210	−0.477
服务质量	1.000	5.000	−0.955	0.404
入住率	1.000	5.000	−0.809	0.059
组织发展能力	1.167	5.000	−0.737	−0.676
医养结合服务实践发展水平	1.000	5.000	−1.413	2.801
医养结合服务协同治理策略认同度	1.000	5.000	−1.601	2.745
多变量				78.864

（二）信度、效度检验

本书对全部有效样本数据进行信度分析、KMO 适当抽样性检验与 Bartlett 球形检验，结果如表 6-4 所示。Cronbach's α 系数为 0.951，大于 0.85，KMO 检验系数为 0.938，大于 0.5，Bartlett 球形检验 p 值小于 0.005，达到显著性水平，表明问卷整体具有较高信度与效度，指标符合要求。

表 6-4 观测变量信效度检验结果

信效度	检测指标		指标数值
信度	Cronbach's α 系数		0.951
	KMO 值		0.938
效度	Bartlett 球形检验	近似卡方	5111.750
		自由度	120
		显著性	0.000

(三)共线性检验

本书采用方差膨胀因子(variance inflation factor,VIF)对潜变量进行多重共线性检测,VIF 值越大,变量间共线性越大,当 VIF 值在 0～10 时,表明变量间不存在多重共线性。检验结果如表 6-5 所示,本书因变量间的 VIF 值均在 1.3～3.2,表明多重共线性对结构模型分析不存在威胁。

表 6-5 多重共线性检验结果(VIF 值)

变量名称	网络结构	正式治理机制	非正式治理机制	关系质量	间接绩效
关系质量	2.049	1.301	1.791		
直接绩效		1.520		1.520	2.135
间接绩效			1.852	3.137	

(四)共同方法偏差检验

本书变量的测量指标数据均来自受访者的自我报告,可能存在共同方法偏差。本研采用匿名回答、减小问卷题项歧义等方法减小共同方法偏差。此外,采用单因子验证性因子分析对共同方法偏差进行检验。结果显示,X^2/df 值为 13.517、CFI 值为 0.708、GFI 值为 0.563、NFI 值为 0.692、RMSEA 值为 0.188,模拟拟合指标均不达标,拟合度极差,说明数据不存在严重共同方法偏差问题。

二、测量模型检验

测量模型由潜变量与其观察变量组成，本书包括网络结构、契约治理机制、关系治理机制、关系质量、直接绩效与间接绩效六个测量模型。测量模型检验是对其内在模型配适度的检验，主要评估测量变量与潜在变量的信度、效度与路径系数的显著水平。

采用 Cronbach's α 系数检验各测量模型的信度，结果如表 6-6 所示。各潜在变量的 Cronbach's α 系数均大于 0.85，表明各变量具有较高的信度。

聚合效度（convergent validity）是指潜变量内部指标的一致性，用来测量相同潜变量的指标落在同一个因素构面上的程度。该效度通过潜变量标准化因子载荷、平均提取方差和组合信度检验。表 6-6 显示，所有测量变量对潜变量的标准化因子载荷均大于 0.5 且达到显著水平，表明测量变量具有较强的解释能力；各潜变量 AVE 值均大于 0.5，表明各研究构面能够解释变量的方差；各潜变量 C. R. 值均大于 0.7，说明各变量内部一致性较高。标准化因子载荷、AVE 值、C. R. 值表明本书测量模型的聚合效度良好。

区分效度（discriminant validity）测量潜变量的排他性，测量标准为某潜变量 AVE 值的平方根与该变量和其他潜变量相关系数值的相对大小，若 AVE 值的平方根均大于相对系数，表明数据具有良好的区分效度。测量结果如 6-7 表所示，AVE 值的平方根大于该变量和其他潜变量相关系数值，表明区分效度良好。

表 6-6 测量模型信度与聚合效度

潜变量	测量变量（题项）	Cronbach's α 系数	标准化因子载荷	平均提取方差	组合信度
网络结构	网络规模	0.862	0.876	0.783	0.915
	网络联系		0.874		
	网络稳定性		0.904		
契约治理机制	责任分配	0.913	0.925	0.852	0.945
	监督控制		0.945		
	利益分配		0.898		

续表

潜变量	测量变量(题项)	Cronbach's α 系数	标准化因子载荷	平均提取方差	组合信度
关系治理机制	情感投入	0.898	0.944	0.830	0.936
	人情交换		0.921		
	非正式沟通		0.866		
关系质量	信任	0.934	0.941	0.836	0.953
	承诺		0.925		
	合作		0.901		
	资源交换		0.89		
直接绩效	入住率	0.934	0.947	0.882	0.958
	服务质量		0.96		
	投诉率		0.911		
间接绩效	机构发展水平	0.708	0.879	0.614	0.823
	医养结合服实践发展水平		0.625		
	医养结合服务协同治理策略认同度		0.821		

表 6-7 测量模型的区分效度

潜变量	关系质量	正式治理机制	直接绩效	网络结构	间接绩效	非正式治理机制
关系质量	0.914					
正式治理机制	0.585	0.923				
直接绩效	0.727	0.615	0.939			
网络结构	0.829	0.479	0.626	0.885		
间接绩效	0.818	0.416	0.706	0.747	0.783	
非正式治理机制	0.676	0.344	0.448	0.664	0.693	0.911

注:对角线上的值为平均提取方差的平方根。

三、结构模型拟合与修正

(一)初始模型估计结果

初始模型估计结果表明控制变量机构性质、机构所在区域、机构规模、机构年龄、机构是否盈利对因变量协同治理直接绩效与间接绩效影响均不显著，如表6-8所示。使用结构方程模型估计合作网络对医养结合服务协同治理绩效的影响，估计结果如表6-9所示。对初始模型拟合优度指标进行检验，包括稳健拟合指数(robust fitting index, RFI), Tucker-Lewis 指数(Tucker-Lewis index, TLI),简约拟合优度指数(parsimonious goodness-of-fit index,PGFI)、简约规范拟合指数(parsimonious normed fit index,PNFI)、简约比较拟合指数(parsimonious comparative fit index,PCFI)等检验指标。具体结果如表6-10所示，X^{2}/ df 值、GFI 值与 RFI 值、RMSEA 值未符合临界值标准，可进一步修正模型提升拟合效果。

表6-8　控制变量参数估计结果

控制变量	因变量	标准化路径系数	S. E. 值	C. R. 值	p 值
机构性质	直接绩效	−0.031	0.079	−0.860	0.390
机构所在区域		0.073	0.092	1.609	0.108
机构规模		−0.039	0.077	−1.111	0.266
机构年龄		0.082	0.011	2.209	0.027
机构是否盈利		−0.001	0.068	−0.034	0.973
机构性质	间接绩效	0.047	0.066	1.483	0.138
机构所在区域		0.041	0.016	1.393	0.164
机构规模		−0.018	0.014	−0.788	0.431
机构年龄		−0.013	0.002	−0.520	0.603
机构是否盈利		0.014	0.012	0.628	0.530

注：S. E. 为标准误差值。

表 6-9 结构方程模型路径系数结果(初始模型)

路径	标准化路径系数	S.E.值	C.R.值	p 值
网络结构→关系质量	0.864	0.118	10.977	***
正式治理机制→关系质量	0.151	0.032	4.123	***
非正式治理机制→关系质量	−0.010	0.051	−0.181	0.856
关系质量→直接绩效	0.570	0.064	9.923	***
关系质量→间接绩效	0.428	0.025	5.283	***
正式治理机制→直接绩效	0.258	0.048	5.271	***
非正式治理机制→间接绩效	0.371	0.018	5.765	***
直接绩效→间接绩效	0.311	0.016	5.364	***

注：*** 代表 $p<0.001$。

表 6-10 初始模型拟合优度指标

统计检验指标	检验结果值	推荐值	模型适配判断
X^2/df	3.392	1—3	否
RMSEA	0.082	<0.05 优良;<0.08 良好	否
GFI	0.851	>0.90	否
NFI	0.900	>0.90	是
RFI	0.869	>0.90	否
IFI	0.927	>0.90	是
TLI	0.904	>0.90	是
CFI	0.927	>.90	是
PGFI	0.599	>0.50	是
PNFI	0.688	>0.50	是
PCFI	0.708	>0.50	是

(二)修正后模型估计结果

为进一步提高模型拟合效果,参照修正指标值,设定指标变量误差变量间的共变关系。修正后模型拟合结果如表 6 - 11 所示,X^2/df 值、GFI 值、RFI 值、RMSEA 值均达到临界值标准,其余指标值均有所优化,表明修正后模型拟合效果明显改善,理论假设模型与实际数据间可以契合,适配良好。

表 6 - 11 修正模型拟合优度指标

统计检验指标	检验结果值	推荐值	模型适配判断
X^2/df	2.675	1—3	是
RMSEA	0.069	<0.05 优良;<0.08 良好	是
GFI	0.901	>0.90	是
NFI	0.945	>0.90	是
RFI	0.932	>0.90	是
IFI	0.965	>0.90	是
TLI	0.956	>0.90	是
CFI	0.965	>0.90	是
PGFI	0.649	>0.50	是
PNFI	0.757	>0.50	是
PCFI	0.773	>0.50	是

四、研究假设检验

(一)研究假设检验结果

为分析变量间的关系,运用自助法,即 Bootstrap 方法检验变量间关系,包括直接影响作用,关系质量对直接绩效、关系质量对间接绩效、直接绩效对间接绩效的中介作用。本书设置 5000 次重复抽样,并将置信区间的置信度设为 95%,若在该置信区间内间接效应上下限不包括 0,则说明直接关系显著或者中介效应存在。

各变量之间的路径分析结果如表 6－12 所示。表 6－12 表明，关系质量对直接绩效、间接绩效存在显著正向影响，即 H1、H2 成立；网络结构通过关系质量对直接绩效、间接绩效产生显著正向影响，即 H3 成立；契约治理机制对直接绩效存在显著正向影响，即 H4 成立；关系治理机制对间接绩效存在显著正向影响，即 H5 成立；契约治理机制通过关系质量对直接绩效、间接绩效产生显著正向影响，即 H6 成立；关系治理机制对直接绩效、间接绩效的关系质量中介效应不显著，即 H7 不成立。

综上所述，本书假设 H1、H2、H3、H4、H5、H6 得到支持，假设 H7 没有得到支持。

表 6－12 合作网络对医养结合服务协同治理绩效影响的假设检验结果

假设	变量间假设关系	95%置信区间		效应值	假设检验结果
		下限	上限		
H1	关系质量→直接绩效	0.514	0.723	0.628***	成立
H2	关系质量→间接绩效	0.320	0.599	0.463***	成立
H3	网络结构→关系质量→直接绩效	0.647	1.225	0.525***	成立
	网络结构→关系质量→间接绩效	0.647	1.225	0.387***	成立
H4	契约治理机制→直接绩效	0.139	0.353	0.250***	成立
H5	关系治理机制→间接绩效	0.243	0.414	0.331***	成立
H6	契约治理机制→关系质量→直接绩效	0.046	5.263	0.108***	成立
	契约治理机制→关系质量→间接绩效	0.055	8.928	0.080***	成立
H7	关系治理机制→关系质量→直接绩效	−0.128	0.100	—	不成立
	关系治理机制→关系质量→间接绩效	−0.049	0.044	—	不成立

注：*** 表示 $p<0.001$，表示关系显著。

（二）效应汇总

为进一步分析潜变量间的关系，运用 Bootstrap 方法检验网络结构、契约治理机制通过关系质量对直接绩效、间接绩效产生的中介作用。本书设置 5000 次重复抽样，并将置信区间的置信度设为 95%，若在该置信区间内间接效应上下限不包括 0，则说明中介效应存在。将检验通过的效应值汇总，结果如表 6－13 所示。结果表明关系质量在网络结构与直接绩效发挥完全中介作用，效应值为 0.525。关系质量在网络结构与间接绩效间发挥完全中介作用，包括 2 条特定中介路径，中介效应值分别为 0.387、0.175。关系质量在契约治理机制与直接绩效间发挥部分中介作用，中介效应值为 0.108，且直接效应值大于中介效应值，这一结论亦表明：与关系质量相比，契约治理机制对医养结合服务协同治理直接绩效的正向促进作用更大。契约治理机制与间接绩效间存在 3 条特定中介路径，分别通过关系质量、直接绩效、关系质量与直接绩效的链式中介对间接绩效产生作用，效应值分别为 0.080、0.083 与 0.036。同时关系治理机制对间接绩效的直接效应值为 0.331，关系质量对间接绩效的直接效应值为 0.463，这表明：与关系治理机制相比，关系质量对医养结合服务协同治理间接绩效的正向促进作用更大。

表 6－13　网络结构、契约治理机制对直接绩效与间接绩效的中介效应检验结果

路径	效应值			
	特定中介效应	总体中介效应	直接效应	总效应
网络结构→关系质量→直接绩效	0.525***	0.525***	—	0.525***
网络结构→关系质量→间接绩效	0.387***	0.562***	—	0.562***
网络结构→关系质量→直接绩效→间接绩效	0.175***			
契约治理机制→关系质量→直接绩效	0.108***	0.108***	0.250***	0.358***
契约治理机制→关系质量→间接绩效	0.080***	0.199***	—	0.199***
契约治理机制→直接绩效→间接绩效	0.083***			
契约治理机制→关系质量→直接绩效→间接绩效	0.036***			

注：*** 表示 $p<0.001$，表示关系显著；—表示直接影响关系不显著。

五、稳健性检验

本书采用变换估计方法检验上述结果的稳健性，采用基于偏最小二乘估计方法的结构方程模型（partial least square-structural equation modelling，PLS-SEM）检验变量间的关系。模型拟合度指标包括标准化均方根残差值（standardized root mean square residual，SRMR）与拟合优度 R^2。SRMR 值越小，表示模型适配度越高，当 SRMR 低于 0.1 时，模型具有很好的适配度；R^2 值达到 0.67 及以上时，模型解释力较大。根据效应在 95％置信区间是否包括 0 判断路径关系是否显著。结果如表 6－14 所示，关系质量与间接绩效的 R^2 值分别为 0.758、0.738，大于 0.67，属于强解释力；直接绩效 R^2 值为 0.583，大于 0.333，小于 0.67，属中等解释力。综合而言，模型具有中等程度的解释力。SRMR 值为 0.067，小于 0.1。R^2 值与 SRMR 值表明模型拟合度良好。假设检验结果均与表 6－12、表 6－13 中的结果保持一致，验证了合作网络对医养结合服务协同治理绩效影响路径的结论，结果稳健。

表 6－14　变量间路径假设检验结果与模型拟合度(PLS-SEM)

假设	路径	t 值	95%置信区间		假设检验
			下限	上限	结果
H1	关系质量→直接绩效	0.049	0.455	0.649	成立
H2	关系质量→间接绩效	0.054	0.332	0.543	成立
H3	网络结构→关系质量→直接绩效	7.576	0.236	0.401	成立
	网络结构→关系质量→间接绩效	6.808	0.181	0.329	成立
H4	契约治理机制→直接绩效	0.05	0.193	0.39	成立
H5	关系治理机制→间接绩效	0.039	0.204	0.355	成立
H6	契约治理机制→关系质量→直接绩效	6.503	0.092	0.172	成立
	契约治理机制→关系质量→间接绩效	4.129	0.043	0.114	成立
	网络结构→关系质量→直接绩效→间接绩效	4.573	0.051	0.123	成立
	契约治理机制→直接绩效→间接绩效	4.129	0.043	0.114	成立
	契约治理机制→关系质量→直接绩效→间接绩效	4.297	0.02	0.051	成立
模型拟合度	关系质量 R^2＝0.758；直接绩效 R^2＝0.583；间接绩效 R^2＝0.738；SRMR＝0.09				

注：t 表示路径系数显著性检验结果。

第三节　结果讨论

本章研究结论回应了社会网络理论、契约治理理论与关系治理理论。医养结合服务合作网络形成以多元主体合作协议签订节点为标志，形成后的合作网络因呈现出不同的关系质量、网络结构与治理机制特征，会对其协同治理绩效产生正向影响。这一结论验证了社会网络理论、契约治理理论与关系治理理论关于网络结构、网络关系对某项具体公共服务协同治理绩效的促进效应。同时，研究结论亦拓展、丰富了社会网络理论、契约治理理论与关系治理理论。首先,从网络结构、关系质量与治理机制 3 个维度测量医养结合服务合作网络,全面呈现了合作网络的多元特征,整合、完善了社会网络理论关于网络特征的论述。其次,进一步厘清了关系治理机制与关系质量的内涵,发现合作网络特征影响医养结合服务直接绩效、间接绩效机理的异质性。本书研究发现网络结构、契约治理机制影响医养结合服务协同治理绩效的中介机制为"关系质量促进效应";异质性分析发现契约治理机制对协同治理直接绩效可产生显著正向影响,关系治理机制则主要对协同治理间接绩效产生显著正向影响。该结论丰富了社会网络理论、契约治理理论与关系治理理论关于合作网络特征对协同治理绩效促进效应的研究。

本书第四章讨论了医养结合服务合作网络形成与未形成这一静态结果的前因条件组态,本章以形成后的合作网络特征为自变量探讨不同特征对其协同治理绩效的影响。影响主要体现在关系质量、网络结构与治理机制 3 个网络特征对协同治理直接绩效、间接绩效的影响。本书提出 7 条医养结合服务合作网络对协同治理直接绩效、间接绩效影响的研究假设并对其进行实证检验,其中,6 条假设得到支持,1 条假设未得到支持。关系质量、网络结构与网络治理机制对医养结合服务协同治理绩效的影响具体分析如下。

一、医养结合服务合作网络关系质量对其协同治理绩效的影响

医养结合服务合作网络关系质量可分别对协同治理直接绩效、间接绩效产生显著正向影响,即关系质量水平越高,协同治理直接绩效、间接绩效水平越高。关系质量对协同治理直接绩效的正向影响源于其在降低交易成本与减少机会主义行为上的作用[340]。关系质量良好,表明医疗机构、养老机构、政府与社会组织等参与主体间的信任度高、承诺水平高、合作水平高、资源交换水平高。主体间相互信任,可减少合作过程中彼此间的猜疑与摩擦;较高的承诺水平,促使多元主体积极遵守合同要求,努力实现合作目标。合作中共同制订计划、共同解决问题有利于唤起参与主体的主人翁意识,激发其为合作目标实现付出努力,避免部分参与者被排斥在合作项目之外。资源交换可使参与主体及时获取实现目标的关键资源,获取信息,识别机会,创造性地组合资源以实现共同目标。关系质量与直接绩效的研究

结果与以往供应链合作、产学研合作、协同创新与其他公共服务协同治理等相关研究的结论一致。

本书的实证研究结果表明良好的关系质量可产生"溢出效应",即关系治理可促进协同治理间接绩效水平的提升,包括提升组织发展能力、促进医养结合服务协同治理价值认同与促进公共服务协同治理的适应性。这是因为较高的关系质量水平可产生组织学习效应与知识扩散效应,信任、承诺、合作等关系可促进主体间知识的交流与分享,减小知识隐藏行为发生的可能性,促进参与主体相互学习先进的技术、流程、人力资源管理等知识,并将知识转化为内部优势,提升自身的发展能力。此外,在较高水平的关系质量中,参与主体可感知协同治理带来的有益的结果,会倾向认为协同治理是可行的,是一项有价值的努力,体现在对具体的医养结合服务协同治理策略的价值认同上,进一步促进了服务实践的发展。

基于上述分析,可以得到结论:关系质量是影响医养结合服务协同治理绩效的重要因素。参与主体应维护与促进合作网络的信任、承诺、合作与资源交换等关系质量,重视良好关系质量对协同治理直接绩效、间接绩效的促进作用。

二、医养结合服务合作网络结构对其协同治理绩效的影响

医养结合服务合作网络结构通过关系质量正向影响协同治理直接绩效与间接绩效,并且关系质量在网络结构与直接绩效、间接绩效之间均发挥完全中介作用,即网络结构仅可通过关系质量影响协同治理绩效,对协同治理绩效不产生直接影响。上述结论与网络结构直接影响合作创新绩效[341]、公共服务协同治理绩效[342]的研究结论有所差异,这与具体服务合作网络产生的背景与网络特征相关。有学者对美国 48 个州的清洁能源协同治理进行了研究,研究结果表明,自组织网络与管理网络在网络结构与协同治理绩效间的关系存在明显差异[343]。本书基于医养结合服务合作网络形成的背景与特性,通过关系信任理论与组织认同理论对关系质量在合作网络与协同治理绩效间的中介作用做出解释。关系信任强调个体需要依靠具体的社会联系和背景环境帮助自己做出合作判断[344],这种特殊信任是依据交往对象的特定身份、特殊声望以及与自己的特殊关系所建立的[345]。当前我国医养结合服务合作网络依托潜在参与主体的关系信任而形成,依靠政府部门推动或组织自有私人关系推动建立合作关系,个体成员偏好与熟悉的、存在过历史合

作关系的组织建立合作关系。在此合作网络中的成员往往存在一定的信任基础，具有强烈的组织认同感，他们与其他外部群体成员划定边界，认同自己与本群体内成员的共同特征，对合作网络具有强烈的归属感[346]。因此，网络规模越大，网络联系越频繁，网络稳定性越好，表明此合作网络得到越多具有关系信任、组织认同参与主体的支持，增强了网络成员的合作信心，强化了主体间承诺、合作与资源交互等关系质量水平的提升，进而促进协同治理直接绩效、间接绩效水平的提升。

基于上述分析，可以得出结论：网络结构是影响医养结合服务协同治理绩效的间接因素，应关注医养结合服务合作网络的关系信任与组织认同特征，通过控制参与主体的网络位置、网络规模、网络联系，维护网络关系稳定性，提升协同治理的直接绩效、间接绩效。

三、医养结合服务合作网络治理机制对其协同治理绩效的影响

医养结合服务合作网络治理机制可分为契约治理机制与关系治理机制，二者对协同治理绩效的影响呈现出差异化特征。契约治理机制对协同治理直接绩效可产生显著正向影响，即契约治理水平越高，协同治理直接绩效水平越高；关系治理机制对协同治理间接绩效可产生显著正向影响，即关系治理水平越高，协同治理间接绩效水平越高。基于交易关系视角，契约治理机制和关系治理机制均被用于约束网络成员的交易行为，调和交易关系，从而降低交易成本。但由于契约治理与关系治理发挥作用的内在机理不同，二者对协同治理绩效的影响呈现出差异化特征。契约治理机制依托合作主体间签订的正式合同协议发挥作用，合同具体内容围绕医养结合服务所要实现的共同目标而设计，对合作中与共同目标有关的风险和不确定性具有较好的规避效果，契约治理机制的这种内容导向性使其与直接绩效密切相关。与契约治理机制不同，关系治理机制是协同治理间接绩效产生的重要因素。关系治理由非正式的控制组成，依托自愿的情感投入、互惠帮助与非正式沟通，可以灵活地响应没有通过合同解决的问题[347]，加深参与主体与其他网络成员的交流与合作，网络成员可获得除共同目标以外的其他收益，促使合作网络产生协同治理间接绩效。在医养结合服务协同治理中，参与主体试图通过关系治理机制获取组织发展的其他资源，并通过频繁的知识交流学习有益经验，实现人力资源、流程管理、服务创新等方面的新突破，进而促进组织自身发展。同时，在非正式的

关系治理中，由于可得到更多的除共同目标以外的利益，各主体更有可能深刻感知医养结合服务协同治理的价值，发现未来新的协同治理方向或项目，提升参与主体对公共服务协同治理合法性与有效性的认同，进一步推动医养结合服务实践。

关系质量在医养结合服务合作网络契约治理机制与协同治理直接绩效、间接绩效间均具有显著的中介作用，这一结论与以往研究具有一致性[348]。但由于关系治理机制与关系质量间并不存在显著关系，使关系质量在关系治理机制与直接绩效、间接绩效间的中介作用均不显著。依据关系治理理论，感情投入、互惠帮助与非正式沟通可提升网络成员间的信任、承诺等关系质量水平[349]，但基于访谈资料的分析，本研究发现参与主体动机可能会对这一过程产生影响。关系治理机制的核心特征为基于互惠的人情交换，当一方帮助另一方时，接受者也应该有所回报[350]，对回报的期望即为动机。医养结合服务合作网络参与主体进行关系治理所求的“回报”并非是实现共同目标，而是试图通过建立网络成员之间的情感纽带，与其他成员交换更多的人脉资源，链接更多资金、业务与合作机会，以实现自身的长远发展。在这一过程中，网络成员强调资源的可得性，忽视或并不关注合作网络的关系质量。因此，基于自利动机的关系治理机制与合作网络的信任、承诺等关系质量水平并无显著相关关系，导致关系质量在关系治理机制与直接绩效、间接绩效间的中介作用假设均不成立。

基于上述分析，可以得到结论：契约治理机制、关系治理机制是影响医养结合服务协同治理绩效的重要因素，但二者对协同治理直接绩效、间接绩效的影响机制存在差异。应依据绩效管理目标，有差别地控制与调整契约治理机制、关系治理机制，提升协同治理直接绩效与间接绩效水平。

第四节　本章小结

本章运用结构方程模型方法探索、分析医养结合服务合作网络对协同治理绩效的影响路径与机理。首先，结合协同治理、社会网络、关系治理等理论与相关文献，构建医养结合服务合作网络对其协同治理绩效影响的理论分析框架，并提出 7 条研究假设，包括直接影响关系与中介关系假设；其次，通过变量设置及其操作化、数据收集、样本数据的正态性与信效度等检验、结构模型拟合修正与稳健性检验，验证医养结合服务合作网络关系质量、网络结构、契约治理机制、关系治理机制与关系质量对协同治理绩效的影响关系假设；最后，具体分析、讨论医养结合服务合作网络对协同治理绩效影响的路径与机理。

医养结合服务合作网络对协同治理绩效影响的路径与机理为：第一，医养结合服务合作网络主要通过关系质量、网络结构、契约治理机制与关系治理机制对其协同治理直接绩效、间接绩效产生影响。关系质量可分别对协同治理直接绩效、间接绩效产生显著正向影响，即关系质量水平越高，协同治理直接绩效、间接绩效水平越高。第二，医养结合服务合作网络结构通过关系质量正向影响协同治理直接绩效与间接绩效，并且关系质量在网络结构与直接绩效、间接绩效之间均发挥完全中介作用。第三，医养结合服务合作网络契约治理机制与关系治理机制对协同治理绩效的影响呈现出差异化特征。契约治理机制对协同治理直接绩效可产生显著正向影响，即契约治理水平越高，协同治理直接绩效水平越高；关系治理机制对协同治理间接绩效可产生显著正向影响，即关系治理水平越高，协同治理间接绩效水平越高。关系质量在医养结合服务合作网络契约治理机制与协同治理直接绩效、间接绩效间均具有显著的中介作用，但关系质量在关系治理机制与直接绩效、间接绩效间的中介作用均不显著。

因此，可以得出结论：医养结合服务合作网络关系质量、网络结构、契约治理机制、关系治理机制与关系质量是其协同治理绩效的重要影响因素。但各个因素对协同治理直接绩效、间接绩效的影响机制存在差异，可通过有差别地控制与调整各因素水平，提升医养结合服务协同治理直接绩效与间接绩效水平。

第七章

提升医养结合服务协同治理绩效对策建议

本章针对医养结合服务合作网络难以构建、合作网络效应尚未充分发挥、协同治理绩效不高的现实困境，结合本书三个实证章节结论与访谈资料提出推进医养结合服务协同治理实践与提升其协同治理绩效的对策建议。基于医养结合服务协同治理政策意义与实践价值，依据治理主体角色从全局视角提出构建医养结合服务协同治理格局具体对策；基于医养结合服务合作网络形成条件及其组态实证结果，提出促进医养结合服务合作网络形成的具体对策；基于医养结合服务协同治理绩效测度过程及其水平测度结果，提出有效衡量医养结合服务协同治理绩效的具体对策；基于医养结合服务合作网络对其协同治理绩效影响的实证结果，从合作网络结构、关系质量与治理机制维度提出提高医养结合服务协同治理绩效的具体对策。

第一节　构建医养结合服务协同治理格局

一、强化价值观与制度建设，营造良好的协同治理环境

民政、卫生与社保等医养结合服务相关政府部门应积极建设服务老年人、尊重契约、诚信互惠、合作共赢的环境，发挥政府公信力优势，营造医养结合服务良好的协同治理氛围，促进多元主体参与，加快资源聚集。

（一）引导治理主体树立正确的价值观

完善提高公共服务意识的教育培训体系，通过爱国教育、职业道德教育、行业先进模范示例等着力培养治理主体社会责任感，强化服务老年人的共同价值观。

(二)加大协同治理制度建设

厘清各个政府部门在推进医养结合中的定位与职责，破除信息壁垒，根据部门原有的养老服务、医疗服务、社保管理的职责权限，制定、修订医养结合资格准入、机构规范、行业管理等相关政策，并统筹分工引导、监督、协调、评估等职能；通过制定区域内医养结合服务协同治理监管体系、跨区域医养结合远程服务试点主体合作机制等完善治理主体行为规范，设计良好的激励和惩罚机制，促使治理主体尊重契约、诚信互惠，并积极承担责任、履行义务。

(三)提升治理主体信心

联合高校养老服务科研团队对治理主体的需求进行摸底，平衡单个组织的利益与公共利益，力求同时实现养老机构、医疗机构等主体自身的发展与老年人医疗照护水平的提升，加强治理主体合作共赢的信念，激发其积极性、主动性、创造性；鼓励与重点支持行业龙头养老机构联合其他养老机构、高等院校、科研院所、医疗机构、高科技信息公司共同建立与推进医养结合服务协同治理试点项目，并为其解决关键性问题提供人员、经费支持，发挥优秀国家重点项目的引领带动作用。

二、厘清政府与市场关系，更好发挥政府职能与市场作用

进一步厘清政府与市场边界，划定二者在医养结合服务协同治理不同阶段的职责与功能，合理定位政府地位和作用，释放市场聚集优质养老资源与医疗资源的潜力，推动有为政府和有效市场更好地结合，攻克医养结合服务协同治理过程中的难点。

(一)合理定位治理主体角色

依据区域内试点数量、服务融合程度与治理效果，将协同治理阶段划分为初级阶段、中级阶段与成熟阶段。在初级阶段，民政部门可作为合作发起者，通过制定优惠政策、资格准入标准，召开政策吹风会等引导养老机构、医疗机构与社会组织等主体参与医养结合服务协同治理，初步建立合作平台；在中级阶段，随着治理主体与聚集资源数量的增加，主体间矛盾日益显露，民政部门、卫生部门与社保部门应以工作小组的形式承担合作网络管理者角色，牵头制定职责、利益分配规范，发挥其协调、监督职能，化解合作冲突，促进主体间良好关系的形成；在成熟阶段，多

元主体治理格局基本形成，合作网络结构较为稳定，良好关系与治理机制基本建立，政府部门在保留兜底职能的同时，应充当服务者角色，给市场与社会留出充分的参与机会和空间，提升社会治理主体的自主性与能动性，使其能够创新性解决医养结合服务供需矛盾。

（二）实行政府权责清单制度

通过清单向治理主体与群众公开各个政府部门医养结合权力的数量和边界，并告知治理主体行政审批事项的标准、流程与时限，建立标准科学、公开透明、程序严密、约束有力的政府参与医养结合服务协同治理的制度。

（三）激发市场主体活力

通过财税、金融、场地支持等政策培育一批医养结合服务能力突出、协同治理模式成熟、落地可推广性强的合作示范项目，应用特色鲜明、发展迅速、效果明显的示范点，形成养老产业带动效应，调动民办养老机构参与协同治理的积极性；加大对重点医养结合服务合作项目的平台支持、技术支持与融资支持，提高市场主体治理能力；形成多层次医养结合服务供给局面，使老年人及其家庭可依据自身需求与收入情况进行自主选择，同时加大对服务对象的宣传引导，充分激发市场购买力，积极促进市场消费。

第二节　促进医养结合服务合作网络形成

一、树立科学发展理念，推动多元主体合作

在国家与地方政府出台推进医养结合服务协同治理的政策背景下，一些政府部门忽视该地区老龄社会特点与老年人医养结合服务需求特征，跟风性制定政策，形式化执行政策，把合作项目签约数量、试点数量作为政府绩效考核指标，导致政府部门社会认同度下降、合作形式化、合作项目无疾而终等。部分养老机构、医疗机构存在以谋取政府补贴为目的、盲目签订合作协议的短视行为，在加入合作网络后，这些主体又无力履行合同内容。上述现象造成了养老与医疗资源浪费、服务低效与老年人利益受损等不良后果。因此，医养结合服务主体应树立科学发展理念，选择性组建或加入合作网络。

（一）树立“老年人需求导向”理念

政府民政部门、卫生部门与统计部门等应基于老龄化数据与老年人分布特征数据，测算当地医养结合服务总需求，并采用调查问卷、深度访谈等方式调查高龄老年人与失能老年人的养老、医疗服务需求重点，因时制宜、因地制宜出台政策，引导符合条件的主体加入合作网络。

（二）强调“实现共同目标”理念

医养结合服务合作的核心目标之一是满足老年人医疗护理需求、提高老年人的健康水平。要求养老机构、医疗机构等治理主体平衡组织的私利与共同利益，将以老年人为中心、提高服务质量的理念纳入是否加入合作网络的考量，而不仅仅局限于关注自身政治资源、财政资源与人脉资源的获取。

二、加强政策引导，激发合作积极性

政策是医养结合服务协同治理的重要引擎，是合作网络形成的重要前因条件。相较于市场环境，政策环境尚未成为促进合作的核心条件。部分前因组态中政策环境条件的缺失表明当前促进医养结合的政策尚未被养老机构、医疗机构等主体有效感知，原因是政策数量少、政策宣传不到位、政策内容模糊等。为促进合作网络形成，政府部门应加强政策引导。

（一）加快政策制定

除当前财政补贴、税收优惠与服务标准等政策外，还应辅之以相关配套政策支持，包括社会力量进入医养结合服务领域的资格审查政策、合作促进政策与合作监管政策等。

（二）加强政策宣传与解读

基层民政部门、卫生部门与医保部门等核心部门应积极落实上级相关政策，采用官方网站公布、公众号推送与座谈会等形式将政策思想与内容及时、准确地传达给相关主体，并为他们解答疑惑，帮助其深入了解政策。

（三）细化政策内容

市级相关政府部门应依据中央、省级医养结合政策，结合本市医养结合发展环境与发展阶段特征，调整政策内容。比如明确资金补贴方式与补贴金额，增加治理主体信心;参照、总结优秀实践案例协议范本,制定本地区医养结合服务合作协议框架;完善医养结合试点参评政策内容,确定参评时间、条件与流程等。加强政策引导,弱化部分医养结合服务协同治理潜在市场主体的自利性与短视性观念,激发其加入合作网络的积极性。

三、重视市场需求导向,选择有效合作形式

3 组医养结合服务合作网络形成的前因条件组态中均包含市场需求条件,表明这一条件是合作网络形成的重要因素。当前部分养老机构高层领导具有较强的公共服务意识,积极响应国家政策,以引入资本建立医务室或医院、与其他医疗机构建立绿色通道等形式协同供给医养结合服务。但在其服务的区域内尚未有大量的医养结合服务需求,或区域内已有一定数量的医养结合机构,市场趋于饱和。一部分养老机构虽然其所在区域内有大量的高龄、失能老年人,但由于养老机构的地理位置、服务方式与服务内容不符合服务对象的需求,最终其提供的服务未得到老年人及其家属的认同。由于缺少科学的市场分析,这些养老机构在合作后不仅无法保证之前传统养老服务的供给质量,甚至陷入了经营困境,因此应充分重视市场需求导向。

养老机构应深入调查所在区域医养结合服务需求数量,并结合自身发展优势与不足,考虑加入合作网络的必要性,避免盲目跟随政策。养老机构或医疗机构应根据自身地理位置、经济实力与区域内医疗机构分布特征,结合老年人需求特征,选择医养结合合作形式。如广州市××医养结合结构调研发现其周边多个相邻社区有大量高龄老人、独居老人,且其本身位于市中心,附近有多家大型医院。基于此,该机构与其中一个社区服务中心合作,在社区内建立了一个小型化、重点提供老年人日常护理与慢性病管理的医养结合机构,并与周边 3 家医院建立了绿色通道,为需要住院的老年人预留床位。半年内,该家机构的服务人数超过 80 位,辐射周边 4 个社区。

四、提升服务对象认同,营造有利社会环境

老年人及其家庭对医养结合服务协同治理的知晓度低、了解层次浅,对服务主体信任感弱,需提高其对多元主体供给服务的认同度,营造有利合作的社会环境。

（一）建立健全医养结合服务合作示范点等级认定制度

政府部门应完善与等级配套的激励机制，依据等级评估结果给予相应的运营补贴与挂牌荣誉，提高医养结合服务合作项目在行业内与服务区域内的口碑，吸引公众关注。政府部门应通过官方网站、新闻报道与公众号等媒介倡导社会力量加入医养结合服务领域，并宣传相关成功合作项目的范例，强化公众印象。

（二）提升公众对医养结合服务合作了解度

社区服务中心应为老年人及其家庭解读医养结合政策、模式与具体服务内容等，并定期帮助、配合医养结合机构在社区及其周边进行宣传活动，增加公众对机构的信任度。医养结合机构通过设立老年人短期服务体验项目、邀请子女参加座谈会与参观机构等方式，提高老年人及其家庭对机构的认可度，产生“口口相传”效应，提升社会对医养结合服务合作合法性与有效性的认同度。

五、提高目标共识，促进合作可持续性

多元主体的价值取向、服务目标与利益追求存在差异，导致合作网络较难形成，或形成后的网络结构松散，影响网络价值的实现，需提升主体对医养结合服务协同治理共同目标的认同度，促进合作网络形成并稳固网络关系。

（一）发挥政府部门领导力

民政部门应利用自身养老服务领域的权威性与影响力，推动多元主体合作。具体包括：引入养老服务相关政府部门公务人员、养老机构、医疗机构等中、高层管理者基本素质分析评价机制，建立以通用能力标准和行业部门标准为主要内容的基本能力标准体系，加强对养老机构、医疗机构等合作项目关键领导的引导和约束；充当合作协调者，通过提供商议平台、分析关键合作阻碍、构建信息反馈机制，促进多元主体间矛盾化解，为提高目标共识度提供谈判途径；卫生部门针对具有优质资源的医疗机构合作动力小的问题，通过改革职称评定机制有效激发医护人员参与医养结合服务的内生动力，通过将医护人员参与医养结合服务的工时、项目数量合理转化为职称评定的部分条件，吸引更多医护人才加入合作网络，将个人目标与共同目标相结合，构建利益共同体。政府部门、养老机构等初始发起者通过实地调研本区域的医养结合服务供需矛盾，梳理问题、分析问题以确定目标，促进共同

目标明确化，使治理主体初步达成合作意向。

（二）筛选合作伙伴

初始发起者通过对潜在参与者基础信息进行采集、分析和公开，进行多次面对面交流与沟通，深入了解彼此的价值观与组织文化，提升参与者之间的熟悉度，促使多个对合作内容、方式与合作目标偏好一致的主体进入同一网络，从而减小其发生冲突的风险，强化目标共识。

六、充分利用关系资本，降低合作成本

关系资本是医养结合服务合作网络形成的使能条件，多元治理主体的关系资本类型、资本存量与利用程度存在差异。合作网络核心治理主体应根据自身关系资本现状，维护已有关系质量，拓展新的关系网络，充分发挥关系资本对合作网络形成的加速作用，减少挑选合作伙伴的时间、精力与资源投入，降低合作成本。

（一）拓展关系资本网络

民政、卫生等医养结合服务相关部门应鼓励养老机构、医疗机构主动向政府部门表达合作意向，提出合作需求并寻求合作帮助，并有针对性地推荐或帮助机构寻找合适的合作伙伴，为多元主体建立合作关系提供途径；通过开展政策吹风会、座谈会与组团参观典型模范等方式提供多元主体建立正式、非正式合作的机会。

（二）积累社会关系资本

养老机构应根据发展阶段和发展目标，投入时间、精力、资源，通过地域、亲缘、组织文化与政府部门、医疗机构、其他养老机构、社会组织等建立广泛联系；通过信息分享、休闲活动、非正式会谈等方式维护与有过合作历史相关组织的关系，增强社会网络联结强度；聚合中、高层管理者的个人政策、技术与服务关系网络，进一步拓展机构关系资本渠道，获取更多政府部门的关注与社会资金支持。

（三）撬动优势关系资源

治理主体应识别、划分与比较自身所具备的政府关系资本与非政府关系资本，并与其资源特征相匹配，优先利用优质资源，抢占合作先机；借助优势关系资本发展弱势关系资本，如具有较多政府关系的治理主体可通过政府部门推荐接触新的医疗机构、社会组织、科研院校等主体，以积累非政府资源，提高关系资本存量。

七、客观评估内外部条件，设计合作网络形成策略

不同主体所具备的资源与发展理念存在差异，对是否合作与合作方式的偏好不同，应对其内、外部条件进行客观评估，判断其与其他主体合作的必要性与方式，设计适合的、有效的合作网络推进策略。

（一）综合考量内外部条件

通过调研政策、市场、社会环境收集外部条件数据，梳理自身资源、合作目标、政府关系资本、非政府关系资本等内部条件资料，对内、外部条件进行罗列与排序，以充分了解自身合作基础与合作需求。治理主体应平衡好外部条件与内部条件的关系，改变单纯受外部资源牵引的合作意识。在外部政策环境、市场环境与社会环境条件均优良的背景下，同时也应考量通过提升目标共识、优化关系资本等发挥内部条件作用，促进合作。

（二）重视内部资源整合

部分养老机构有强大集团资源支撑，本身具有丰富、优质的医疗资源，可自建护理部或医院，在内部实现医养资源整合。这类机构在对当地政治、经济、社会环境进行分析后，仍未产生加入合作网络的意愿，也可选择自给自足的方式供给医养结合服务，避免盲目迎合政策加入合作网络。

（三）发挥条件组态作用

外部条件与内部条件通过有效匹配可激发治理主体合作意愿，实现多元主体合作。当合作的关键前因条件缺失，治理主体可识别已有条件，考虑条件组合充分性，以衡量加入合作网络的利弊。同时主体也可利用情境条件与使能条件的部分替代关系，在外部环境条件缺失时，利用政府关系资本或非政府关系资本，结合触发条件，促进合作。

第三节 有效衡量医养结合服务协同治理绩效

一、构建绩效评估指标体系，精准评价协同治理效果

评估指标体系构建是医养结合服务协同治理绩效评估的基础，当前多数医养结合服务协同治理项目仅关注合作主体聚集与资源共享过程，缺少对协同治理效

果的关注。应依据项目具体类型、共同目标与多元主体需求，构建科学的、可行的绩效评估指标体系，客观衡量医养结合服务协同治理绩效。

（一）遵循效率性与公平性绩效评估指标设置原则

医养结合服务协同治理绩效指标体系既要关注整个医养结合服务协同治理过程的资源投入与产出比，同时也关注单个组织的投入产出情况。此外，指标体系内容应同时包括目标完成率、入住率、投诉率等定量指标与服务对象满意度、对协同治理项目过程的评价等定性指标，并具体化、细致化指标内容。

（二）综合评估直接绩效与间接绩效

重点关注医养结合服务合作网络效果，即多元主体协同治理后产生的整体绩效，可通过将合作协议中的任务要求转化为测量指标与共同目标完成度进行测量；同时依据各个主体的需求，针对性地设计间接绩效指标体系，为治理主体综合评估协同治理价值提供参考。民政部门应形成定期调查研讨制度，对实践中形成的医养结合服务协同治理绩效评估体系进行分析与比较，形成适宜推广的评估体系框架，并在相关专家团队对其进行完善后向养老机构、医疗机构等公开，为其协同治理项目评估提供参考。

二、完善绩效评估流程，保证结果真实性、可用性与公平性

医养结合服务绩效评估涉及多元目标、多个环节与多项工作，需要治理主体紧密合作和各环节有效衔接，可从团队组建、过程规范与结果分析等优化评估流程，保证绩效评估结果的真实性、可用性与公平性。

（一）组建专业评估团队

采用政府主导、多元主体参与、引入第三方评估机构的方式组建评估小组，确保组成成员的多样性与合理性。民政部门、卫生部门是医养结合的牵头政府部门，分别具备养老服务与医疗服务专业的政策、管理等知识，并主导养老机构、医疗机构的政府监管工作，具有丰富的评估经验，应负责统筹多元参与主体评估职责的落实，协调发挥各主体优势。同时政府部门应加大医养结合补助资金监管力度，将资金使用的公平性与合理性纳入项目评估，以监督资金管理制度、分配方案、使用去向，加大对医养结合机构虚报护理床位、虚开药单等行为的约束力度，保证老年人医

疗护理补贴的高效合理使用。此外，应鼓励老年人及其家属参与项目评估，通过收集服务对象身心健康、满意度与评价等数据资料，真实地反映老年人服务体验情况。

（二）开展过程式评估

针对评估信息不足与补助资金流失等问题，重点关注信息收集、信息管理与合作补助资金评估环节；收集合作前、合作中与合作后医养结合服务绩效数据，并对多期数据进行比较，监测合作是否按照要求开展、结果是否达到预期目标与效果；民政部门可采用互联网平台与养老机构、医疗机构等核心主体建立时时信息共享机制，加强主体间交流，及时收集、储存数据，以供绩效结果评估使用；同时应避免评估结果的“唯数据”“一刀切”等绩效思想，评估小组可依据医养结合服务合作项目类型、合作阶段与合作目标分析所收集的绩效结果数据，灵活评定项目绩效等级，保证评估公平性。

三、充分利用绩效评估结果，优化协同治理过程

评估小组应公开、共享医养结合服务协同治理绩效结果信息，客观、及时地向服务对象与治理主体展示目标完成程度与组织成长情况，为调整、优化医养结合服务协同治理过程提供材料支撑。

（一）科学管理绩效信息

评估小组应将绩效信息及时进行储存、归档，为政府部门与治理主体检验成效、有效施策提供科学决策依据，并通过定期收集医养结合服务协同治理绩效数据并开展区域间、项目间比较分析，反映所在区域合作网络效果水平与不足，监测协同措施落实情况。同时医养结合服务协同治理绩效评估小组应将绩效信息及时反馈给治理主体，促使其调整协同策略。此外，可将达到绩效目标的合作项目列为典型，为其颁发“试点项目”挂牌，增加其声誉；为尚未达到绩效目标的项目提供协同策略提供调整建议。

（二）及时公开绩效信息

引入信息技术服务平台方便了老年人及其家庭直接接收、了解医养结合服务补贴资金使用、服务内容与服务满意度等基本绩效评估结果，鼓励和支持其对治理主体进行评价并提出服务提升建议。

（三）建立奖励惩处制度

合作项目领导小组应依据绩效等级决定合作项目是否持续、中断或终止，并对治理主体进行奖励或惩罚。同时应主导开展医养结合服务合作主体的信用体系建设，对于需要调整合作策略的主体，应对其行为调整措施进行监督，记录主体的消极、敷衍等不良行为，取消其之后享受补贴优惠政策的资格。

第四节 促进合作网络结构、关系质量与治理机制作用发挥

一、调整合作网络规模、联系频率，适应不同发展阶段需求

实证结果显示，医养结合服务合作网络结构通过关系质量间接提升其协同治理绩效，二者之间不存在直接影响作用，这一结果与产学研合作、企业创新合作以及其他部分公共服务的文献存在差异。因此，应依据合作网络形成时长、服务人数与协同治理绩效水平判断当前合作阶段，调整网络规模与联系频率，以适应不同发展阶段的需求。

在医养结合服务合作初期，网络以政府部门推动或组织自有私人关系推动形成，参与者偏好与熟悉的、存在历史合作关系的组织建立合作关系，依托潜在治理主体的关系信任而形成。同时，合作以聚合资源，初步实现养老资源与医疗资源的充足供给为目标。因此在这一阶段，合作网络发起者与关键行动者应着力通过社会网络扩大网络规模，尽可能多地聚合服务资金、人才与管理经验等，保证合作网络资源充足；通过日常例会、电子邮件与书面报告等形式加强网络成员之间的联系，提升网络联系频率，保证合作网络信息沟通及时；挑选信誉度高的合作伙伴，制定无故中断合作的惩处措施，避免参与者中途退出，保证合作网络成员稳定。在合作发展期或成熟期，应通过深入调研了解合作目标、治理主体偏好变化、网络结构特征与协同治理绩效关系变化，相应调整网络规模、网络联系，适应新发展阶段的合作需求。

二、提升合作网络关系质量，减少主体间矛盾

关系质量是影响医养结合服务协同治理绩效的重要因素，治理主体应维护与促进合作网络的信任、承诺、合作、资源交换等关系质量。

（一）提升养老机构、医疗机构等治理主体对民政部门的信任水平

当前民政部门是医养结合服务合作的主要引导者与监管者，但由于初探期政策体系不健全、实践路径不明确，存在优惠政策不公平、补贴不到位与不及时等问题，降低了其他治理主体对政府部门的信任度。应通过及时宣传政策、完善财政补贴分配规则与落实政策补贴、协调治理主体间矛盾等增强网络凝聚力。同时，在治理主体遇到困难时，民政部门可引导其他主体积极给予帮助，提升主体对合作伙伴的满意度，增加彼此间信任。

（二）强化主体对合作网络目标和价值的认同

通过长期实践摸索形成治理主体合意的价值观体系，使其产生对合作的积极情感，增强归属感，并愿意为合作网络的持续发展、协同治理绩效的实现投入资源、贡献力量，避免“搭便车”行为、逆向选择等风险发生。此外，应将治理主体负责人的职业道德和责任感纳入参与者规范考评体系，培养参与者主动性，积极实现合作目标。采用上述强化价值观、职业道德考评方式可有效降低不信任事件发生的概率，提升合作网络总体信任度。

（三）增强主体间利益联系

合作网络通过调动聚集的多样资源为中、高层管理者提供额外的培训和发展机会，以拓展其社会网络，增加其对网络的依附感与认同感，提升情感承诺；依据治理主体的资源特征合理分配任务，增强工作参与感，提高主体对合作网络的目标意识和责任意识。

（四）提升合作水平

建立合作网络项目管理小组，为共同制订计划、共同解决问题提供平台。小组针对合作网络长远目标、阶段目标，积极收集多元主体意见，制订合作项目推进方案与结果评估方案。并针对合作困难，通过识别问题、分析问题、设计方案、排序方案与选择最优方案等流程共同解决问题。同时，应构建与利用养老、医疗、人才、资金等资源的信息平台，实现对资源相关信息采集、整理与分析，明确合作网络的资源概况；充分尊重治理主体实际情况与意愿，调控与综合利用其资源，避免因资源分配不当引发冲突而降低治理主体资源共享意愿；在合作项目推进中遇到困难时，核心主体应及时与其他主体进行沟通以获取支持，通过资源调配及时解决问题，推进项目的开展。

三、完善合作网络治理机制，提高资源整合效率

契约治理机制、关系治理机制是影响医养结合服务协同治理绩效的重要因素，但二者对其协同治理直接绩效、间接绩效的影响机制存在差异。治理主体应基于差异性影响，选择合适的合作网络治理机制和治理路径，以降低治理成本、提高合作网络资源整合效率。

（一）强化合作网络治理机制

当多数治理主体是基于政府部门推荐的初次合作伙伴时，他们的行为具有高度不确定性，应依赖完备的契约控制内容与惩罚措施对其可能发生的机会主义行为进行限制与约束，降低不确定性行为带来的不良后果；当多数治理主体是有过合作历史、互相熟识的合作伙伴时，他们之间信息高度共享互惠、沟通频繁，可侧重采用关系治理机制增加治理主体对网络的归属感，在宽松的环境中激发其应对困难时的创新性，用灵活的关系治理机制弥补契约治理机制条款僵化的不足。

（二）调整合作网络治理机制

当医养结合服务协同治理的直接绩效较低时，应着力优化契约治理机制，保证治理主体按合同内容完成共同目标；当其间接绩效未达到预期目标时，应着力完善关系治理机制，增加关系投入，拓展主体资源范围，帮助其实现组织发展。

（三）完善契约治理机制

治理主体应通过对合同制定过程、合同内容与合同执行进行控制提升契约有效性，可通过重复沟通和谈判实现对医养结合服务合作内容、合作方式的合意，达成合作契约；合同条款应规定治理主体提供医养结合资源的责任与义务、监督控制方式与利益分配方式、合作目标以及在突发情况下的解决机制与方案，以降低合作过程中的不确定性风险；治理主体应根据合同条款严格执行合同约定，及时处理合同变更，更新合同内容。

（四）形成治理主体的心理规范约束

合作网络核心主体可通过情感投入、人情交换与非正式沟通等关系治理方式引导主体行为，提升关系治理有效性。通过组织户外活动、饭局、茶话会、年会等聚集合作项目相关人员，以增进情感交流、加深彼此间熟悉度与好感；依照合同条款

履行职责时，应适度考虑合作伙伴感受，发生摩擦时应充分考虑多方利益，采取适当方式避免伤害相关主体感情；在医养结合服务合作项目以外，把其他合适的资源介绍给其他主体，并在其需要时，可给予其一定的帮助，加深彼此间的感情依赖；及时、准确地将合作项目信息或其他相关政策、市场、老年人等信息告知相关主体，降低其心理防范意识，增加彼此间的信任感，促进资源共享。

第五节 本章小结

在我国人口老龄化程度持续加深的背景下，基于老年人医养结合服务需求增加、医养结合服务面临供给困境及养老资源与医疗资源割裂的现状，针对医养结合服务合作网络难以构建、合作网络效应尚未充分发挥、协同治理绩效不高的现实困境，本章从构建多元主体协同治理格局、促进合作网络形成、协同治理绩效评估、促进合作网络作用发挥等方面提出对策建议，以推进医养结合服务协同治理，提升其协同治理绩效，缓解老年人日益增长的医养结合服务需求与服务发展不充分之间的矛盾，实现健康老龄化目标。具体措施包括：强化价值观与制度建设，全面营造良好的合作环境；厘清政府与市场关系，更好地发挥政府职能与市场作用；坚持科学发展理念，推动多元主体合作；重视市场需求导向，选择有效合作形式；提升服务对象认同，营造有利社会环境；提高目标共识，促进合作的可持续性发展；充分利用关系资本，降低合作成本；结合内外部条件进行客观评估，设计合作网络形成策略；构建绩效评估指标体系，精准评价协同治理效果；完善绩效评估流程，保证评估结果真实性、可用性、公平性；有效利用绩效评估结果，优化协同治理过程；调整合作网络规模、网络联系，适应不同发展阶段需求；提升合作网络关系质量，减少主体间矛盾；完善合作网络治理机制，提高资源整合效率。

第八章

结论与展望

第一节 主要结论

本书基于管理学与社会学相关理论，针对我国医养结合服务发展的实践情境，构建医养结合服务合作网络形成及其对协同治理绩效影响的理论分析框架，在这一框架下分析了医养结合服务合作网络形成条件，测度了我国医养结合服务协同治理绩效现状，检验了其合作网络影响协同治理绩效的直接机制、中介机制。本书主要研究结论如下：

(1)修正 SFIC 模型，结合医养结合服务协同治理的现实语境，构建适用于我国实践情境的医养结合服务合作网络形成及其对协同治理绩效影响的理论分析框架。该分析框架包括合作网络发起、合作网络形成与协同治理绩效实现三个环节。在医养结合服务合作网络发起环节，治理主体的资源依赖性与目标共识促进了协同治理策略的选择，并对潜在治理主体产生征召与动员效应；合作网络形成以主体间合作协议签订为标志，之后在合作网络结构、关系质量与网络治理机制的相互作用下，协同效应产生；合理的网络结构、良好的网络治理机制与网络关系是实现医养结合服务协同治理直接绩效与间接绩效的关键性因素。至此，医养结合服务合作网络的发起、形成与效果实现的全过程完成。

(2)医养结合服务合作网络形成前因条件的核心要素包括情境条件、触发条件与使能条件。情境条件源自养老机构外部，由市场需求条件、政策环境和社会环境三大要素构成；资源依赖程度与目标共识是合作网络形成的关键触发条件；使能条件包括政府关系资本与非政府关系资本。三种条件相互交替、共同推动医养结合服务合作网络形成。综合必要性检测与组态分析发现医养结合服务合作网络形成具有复杂性，前因条件与形成结果间具有多重并发因果关系，同时条件之间存在互动关系。具体结论为：合作网络形成路径可分为强使能条件构型、综合条件构型与强情景条件构型；市场需求是养老机构进行医养结合首要的推动要素；资源依赖与目标共识是医养结合服务合作网络形成的重要触发条件；情景条件与使能条件存在部分替代关系；不同方向的关系资本流动导致各个主体的网络发起作用、资源链接作用、网络形成催化作用在不同路径中有所差别。

(3)医养结合服务协同治理绩效包括直接绩效与间接绩效两个维度。直接绩效测量指标包括入住率、投诉率与服务质量；间接绩效测量指标包括机构发展、医养结合服务实践发展、医养结合服务协同治理策略认同度。测度结果显示，调研地区医养结合机构协同治理绩效总体水平略高于一般，其中入住率均值为 3.80，投诉率均值为 2.66，服务质量水平均值为 3.82。间接绩效高于一般水平，且高于直接绩效，尚未达到良好。其中机构发展水平的总均值为 3.59，除智能技术水平外，人力资源管理水平、服务创新水平、流程优化水平、业务范围大小与发展潜力均值均超过 3.5；医养结合服务实践发展水平均值为 4.48，医养结合服务协同治理策略认同度均值为 4.21；机构发展水平、医养结合服务实践发展与医养结合服务协同治理策略认同度得分均超过 3.5，两项超过 4.2。

(4)医养结合服务合作网络网络结构、契约治理机制、关系治理机制与关系质量是其协同治理绩效的重要影响因素。但各个因素对协同治理直接绩效、间接绩效的影响机制存在差异。具体研究结论为：关系质量可分别对协同治理直接绩效、间接绩效产生显著正向影响；网络结构通过关系质量正向影响协同治理直接绩效与间接绩效，并且关系质量在网络结构与直接绩效、间接绩效之间均发挥完全中介作用；契约治理机制与关系治理机制对协同治理绩效的影响呈现出差异化特征。契约治理机制对协同治理直接绩效可产生显著正向影响，关系治理机制对协同治理间接绩效可产生显著正向影响；关系质量在契约治理机制与协同治理直接绩效、间接绩效间均具有显著的中介作用，但关系质量在关系治理机制与直接绩效、间接绩效间的中介作用均不显著。

(5)基于老年人医养结合服务需求增加、医养结合服务供给困境与养老资源与医疗资源割裂的现状，针对医养结合服务合作网络难以构建、合作网络效应尚未充分发挥与协同治理绩效不高的现实困境，从构建多元主体协同治理格局、促进合作网络形成、协同治理绩效评估与合作网络作用发挥 4 个维度提出提升医养结合服务协同治理绩效的对策建议。具体措施包括：强化价值观与制度建设，全面营造良好的合作环境；厘清政府与市场关系，更好地发挥政府职能与市场作用；树立科学发展理念，推动多元主体合作；重视市场需求导向，选择有效合作形式；提升服务对象认同，营造有利社会环境；提高目标共识，促进合作的可持续性；充分利用关系资本，降低合作成本；对其内外部条件进行客观评估，设计合作网络形成策略；构建绩效评估指标体系，精准评价协同治理效果；完善绩效评估流程，保证评估结果真实性、可用性与公平性；有效利用绩效评估结果，优化协同治理过程；调整合作网络规模、网络联系，适应不同发展阶段的需求；提升合作网络关系质量，减少主体间矛盾；完善合作网络治理机制，提高资源整合效率。

第二节　主要创新点

（1）基于合作网络视角，依据医养结合服务协同治理格局形成及其绩效产生逻辑构建理论分析框架，揭示了医养结合服务合作网络形成机理、合作网络多元特征维度对其协同治理直接绩效与间接绩效的影响机理。已有养老服务与其他公共服务协同治理研究关注网络结构、网络关系等单一维度对协同治理绩效的作用，忽视合作网络形成、合作网络关键要素间的交互关系及其对协同治理绩效的影响分析，且多强调协同治理直接绩效。本框架基于治理过程视角，将医养结合服务协同治理划分为合作网络发起、合作网络形成与协同治理绩效实现 3 个环节，突出了协同治理过程及其合作网络特征；揭示了治理主体的资源依赖性与目标共识是合作网络形成的基础，明确了医养结合服务协同治理格局形成的重要条件；从网络结构、关系质量与治理机制 3 个维度测量医养结合服务合作网络，全面呈现了合作网络的多元特征；将医养结合服务协同治理绩效划分为直接绩效与间接绩效，丰富了协同治理绩效的内涵。该理论分析框架弥补了经典公共服务协同治理理论中合作网络本质特征不明显与协同治理过程要素缺失的不足，完善与发展了协同治理理论，同时为突破医养结合服务协同治理困境、提升其协同治理绩效提供了方向与思路。

（2）揭示医养结合服务合作网络形成的外部环境条件与内部条件，识别合作网络形成的条件组态与条件间的互动关系。已有公共服务协同治理研究忽视对合作网络形成的分析，医养结合服务合作网络形成的理论分析与实证分析更为匮乏。本书构建了医养结合服务合作网络形成分析框架，从理论上剖析其合作网络形成的条件，即情景条件、触发条件与使能条件。通过实证识别出医养结合服务合作网络形成的条件组态，发现合作网络形成包含强使能条件构型、综合条件构型与强情境条件构型 3 种组态；市场需求是合作的首要推动要素；资源依赖与目标共识是医养结合服务合作网络形成的重要触发条件；情境条件与使能条件存在部分替代关系，当二者其中条件之一不充足时，另一条件必须十分充足，合作网络才可形成；关系资本是医养结合服务合作网络形成的使能条件。该研究弥补了公共服务合作网络形成研究不足的缺陷，揭示了医养结合服务合作网络的形成条件与路径，为促进其协同治理格局形成提供了依据。

(3)基于医养结合服务多元主体合作特征与公共服务属性，借鉴工商组织与产学研组织的协同绩效，修正自然资源、环境污染协同治理绩效指标体系，设计医养结合服务协同治理绩效测量量表。以往研究尚未关注医养结合服务协同治理绩效测量，且对其他公共服务协同治理绩效的评估不够全面，较多关注直接绩效评估，忽视直接绩效以外的其他绩效。本书通过扎根理论识别出医养结合服务协同治理绩效包括直接绩效与间接绩效，采用定性与定量相结合的方法分别构建两类绩效的指标体系。直接绩效由入住率、投诉率与服务质量进行测量，体现合作目标的实现程度；间接绩效由机构发展水平、医养结合服务实践发展水平与医养结合服务协同治理策略认同度进行测量，体现了合作产生的附加绩效。该测量量表呈现了较为全面的协同治理效果要素，为客观测度医养结合服务协同治理绩效提供了工具，拓展了公共服务协同治理绩效的测度范围，提供了同领域量表设计的有益参考。

(4)揭示医养结合服务合作网络影响其协同治理绩效的直接机制、中介机制及其网络治理机制对协同治理绩效的差异性影响。已有研究主要验证了网络结构、网络关系对某项具体公共服务协同治理绩效的直接促进效应，且将关系治理机制与关系质量等同，忽视了对合作网络特征影响其直接绩效、间接绩效异质性的研究。与之不同的是，本书发现网络结构、契约治理机制影响医养结合服务协同治理绩效的中介机制为“关系质量促进效应”；异质性分析发现契约治理机制对协同治理直接绩效可产生显著正向影响，关系治理机制则主要对协同治理间接绩效产生显著正向影响。该发现拓展了公共服务合作网络的协同治理绩效促进效应研究，对精准识别医养结合服务协同治理直接绩效、间接绩效不佳的具体原因，并从合作网络结构、关系质量与治理机制层面提出针对性实践对策具有理论指导意义。

第三节 研究展望

本书在健康老龄化的政策背景下，基于协同治理理论、资源依赖理论与社会网络理论等，构建了医养结合服务合作网络形成及其对协同治理绩效影响的理论分析框架，为解决医养结合服务协同治理困境与提升其协同治理绩效提供了理论指导。同时，本书通过对广州市、西安市医养结合机构调研数据的分析，初步描绘了现阶段我国医养结合服务合作网络形成、协同治理绩效的特征，并检验了合作网络特征与医养结合服务协同治理绩效间的关系，发现了提升协同治理直接绩效与间接绩效的关键因素与路径，对从供给侧视角实现医养结合服务充分、高效供给，实现健康老龄化具有重要的参考价值。然而，本书仍存在一些不足之处，研究局限性与研究展望如下：

（1）本书呈现了当前我国医养结合服务合作网络现状，侧重于对网络整体的结构、关系与治理机制静态特征进行分析，但在不同发展阶段，医养结合服务合作网络特征存在差异。未来研究中可收集时间序列数据，绘制不同发展阶段医养结合服务合作网络图谱，分析其网络演化规律，并识别不同阶段合作网络的关键特征和薄弱环节。

（2）本书通过实证分析发现了医养结合服务协同治理绩效的关键影响因素，包括主体目标共识、信任水平、承诺水平、资源交换水平等，并依据访谈资料初步提出了促进目标共识、提升信任水平的对策建议，但在实践中如何提升上述指标水平，需要后续研究进行进一步的理论分析与实证检验。

（3）本书的研究对象为医养结合机构，调研对象数量少、分布散，多数机构发展数据由于隐私性而不愿公开，且全国范围的社会调查数据成本较高，获取难度大。因此本书社会调查数据主要来源于医养结合服务协同治理实践发展程度存在差异且具有典型性的广州市、西安市，可基本代表我国医养结合服务实践发展初期的现状，能够满足各个实证章节样本量的要求。未来研究中可进一步扩大调查范围，充实样本量，以更全面地呈现研究对象发展概况与特征。

参考文献

[1]国家统计局. 中华人民共和国 2018 年国民经济和社会发展统计公报[EB/OL]. (2019-02-18)[2021-05-03]. https://www.gov.cn/xinwen/2019-02/28/content_5369270.htm.

[2]中国老龄科学研究中心. 中国失能半失能老人达 4400 万[EB/OL]. (2023-10-08)[2023-10-11]. https://baijiahao.baidu.com/s?id=1779136951024177426&wfr=spider&for=pc.

[3]中华人民共和国中央人民政府. “十四五”积极应对人口老龄化工程和托育建设实施方案[EB/OL]. (2021-06-27)[2021-07-01]. http://www.gov.cn/zhengce/zhengceku/2021-06/25/content_5620868.htm.

[4]杜鹏,李龙. 新时代中国人口老龄化长期趋势预测[J]. 中国人民大学学报,2021,35(1):96-109.

[5]陈亚萍,陈竹君. 完善城市社区居家养老医疗服务体系研究[J]. 未来与发展,2016,40(12):74-77.

[6]马丽平,李娜,杨威,等. 人口老龄化对我国医疗服务体系的挑战[J]. 中国医院,2019,23(4):1-3.

[7]封铁英,邓晓君,高鑫. 养老机构医疗护理服务需求潜在类别及其影响因素:陕西省调查实例[J]. 管理评论,2020,32(5):280-291.

[8]郑函,王梦苑,赵育新. 我国“医养结合”养老模式发展现状、问题及对策分析[J]. 中国公共卫生,2019,35(4):512-515.

[9]黄佳豪,孟昉. “医养结合”养老模式的必要性、困境与对策[J]. 中国卫生政策研究,2014,7(6):63-68.

[10]刘酉华,骆金铠. 法国医养结合模式对我国养老体系建设的启示[J]. 中国护理管理,2016,16(7):930-933.

[11]区慧琼. 社会主义经济体制下的“医养结合”机构模式研究[J]. 财经问题研究,

2015(S1):9－11.

[12]黄闯.民办养老服务机构运行:自我发展与支持体系[J].重庆社会科学,2016(2):66－72.

[13]郝涛,商倩,李静.PPP模式下医养结合养老服务有效供给路径研究[J].宏观经济研究,2018(11):44－53.

[14]祁峰,祁丙观.我国医养融合型机构养老服务的制约因素及推进思路[J].经济纵横,2017(1):52－56.

[15]付诚,韩佳均.医养结合养老服务业发展对策研究[J].经济纵横,2018(1):28－35.

[16]王素英,张作森,孙文灿.医养结合的模式与路径:关于推进医疗卫生与养老服务相结合的调研报告[J].社会福利,2013(12):11－14.

[17]朱孔来,朱孟斐,姜文华.对医养结合模式的实践探索和对策建议[J].山东社会科学,2020(7):132－137.

[18]邓大松,李玉娇.医养结合养老模式:制度理性、供需困境与模式创新[J].新疆师范大学学报(哲学社会科学版),2018,39(1):107－114.

[19]张晓杰.医养结合养老创新的逻辑、瓶颈与政策选择[J].西北人口,2016,37(1):105－111.

[20]刘稳,徐昕,李士雪.基于SWOT分析的"医养结合"养老服务模式研究[J].中国卫生事业管理,2015,32(11):815－817.

[21]耿爱生.养老模式的变革取向:"医养结合"及其实现[J].贵州社会科学,2015(9):101－107.

[22]原新,金牛.中国医养结合模式治理的基点、焦点和要点[J].河海大学学报(哲学社会科学版),2021,23(2):71－78.

[23]马丽丽,陈娜,汤少梁.医养结合养老机构养老服务发展政策研究[J].医学与社会,2016,29(04):40－43.

[24]武玉,张航空.我国大城市医养结合的实践模式及发展路径[J].中州学刊,2021(4):78－84.

[25]郭东,李惠优,李绪贤,等.医养结合服务老年人的可行性探讨[J].国际医药卫生导报,2005(21):45－46.

[26]ENG C,PEDULLA J,ELEZZER G P,et al. Program of all-inclusive care for the elderly(PACE): an innovative model of integrated geriatric care and financing[J]. Journal of the American Geriatrics Society,1997,45(2):10.

[27]徐宏,岳乾月. 新时代背景下长期照护服务 PPP 供给模式研究[J]. 山东社会科学,2018(8):90 - 96.

[28]张立平. 把老年“医养结合”养老服务做成最美的夕阳产业[J]. 中国老年学杂志,2013,33(21):5496 - 5497.

[29]丁建定,樊晴晴. SWOT 分析视角下城镇失能老人医养结合服务模式研究[J]. 社会保障研究,2017(4):14 - 20.

[30]范卫星,李淑华,黄恩. 老年人医养模式管理研究[J]. 中医药管理杂志,2010,18(6):504 - 506.

[31]王彦斌,袁青欢. 资源配置、底线公平与欠发达地区农村医养结合:基于福利多元主义导向的反思[J]. 贵州社会科学,2021(2):70 - 77.

[32]张莹,刘晓梅. 结合、融合、整合:我国医养结合的思辨与分析[J]. 东北师大学报(哲学社会科学版),2019(2):132 - 138.

[33]张功震. 医养结合的痛点:长期护理缺如[J]. 中国卫生事业管理,2016(4):315.

[34]宋澜,王超. 从覆盖到发展:医养结合养老模式三步走战略[J]. 求实,2016(9):62 - 69.

[35]陈俊峰,王硕. 城市“医养结合”型养老存在的问题及其解决途径:以合肥市为例[J]. 城市问题,2016(6):92 - 97.

[36]田永贤. 公共服务供给的组织间合作网络[J]. 东南学术,2008(1):88 - 94.

[37]李礼. 城市公共安全服务供给的合作网络[J]. 中国行政管理,2011(7):24 - 27.

[38]BODIN O,PRELL C. Social networks and natural resource management: some basic structural characteristics of networks[J]. Social Networks and Natural Resource Management,2011,10(2):29 - 43.

[39]ANDREW,SIMON A. Regional integration through co-trading networks: an empirical analysis of institutional collection action frame-work [J]. Urban

Affairs Review,2009,44(3):378－402.

[40]JOHNSTON J,GUDERGAN S P. Governance of public-private partnerships: lessons learnt from an australian case? [J]. International Review of Administrative Sciences,2007,73(4):569－582.

[41]GOO J,NAM K. The role of service level agreements in relational management of information technology outsourcing: an empirical study[J]. MIS Quarterly,2009,33(1):119－145.

[42]ANSELL C,GASH A. Collaborative governance in theory and practice[J]. Journal of Public Administration Research & Theory J Part,2008,18(4):543－571.

[43]EMERSON K, NABATCHI T. An integrative framework for collaborative governance[J]. Journal of Public Administration Research & Theory,2012,22(1):1－29.

[44]CHOI T,ROBERTSON P J. Deliberation and decision in collaborative governance: a simulation of approaches to mitigate power imbalance[J]. Journal of Public Administration Research & Theory,2014,24(2):495－518.

[45]孙萍,闫亭豫. 我国协同治理理论研究述评[J]. 理论月刊,2013(3):107－112.

[46]黄建伟,刘军. 社会治理变革中的合作治理:辨析、建构与展望[J]. 湖南社会科学,2019(1):32－40.

[47]范永茂,殷玉敏. 跨界环境问题的合作治理模式选择:理论讨论和三个案例[J]. 公共管理学报,2016,13(2):63－75.

[48]MARIE T A,PERRY J L,MILLER T K. Conceptualizing and measuring collaboration[J]. Journal of Public Administration Research & Theory,2008,19(1):23－56.

[49]ARINO A. Measures of strategic alliance performance: an analysis of construct validity[J]. International Business Studies,2003,34(1):66－79.

[50]涂立桥,黄小荣,陈峰. 中部地区与发达地区高校产学研合作绩效比较研究[J]. 科技进步与对策,2017,34(20):37－44.

[51]THOMAS C W,KOONTZ T M. Research designs for evaluating the impact of community-based management on natural resource conservation[J].

Journal of Natural Resources Policy Research, 2011, 3(2): 97 - 111.

[52]TOMAS M K, TOMAS C W. Measuring the performance of public-private partnerships: a systematic method for distinguishing outputs from outcomes [J]. Public Performance and Management Review, 2012, 35(4): 769 - 786.

[53]PROVAN K, KENIS P. Modes of network governance: structure, management, and effectiveness[J]. Social Science Electronic Publishing, 2008, 18(2): 229 - 252.

[54]董杲. 多元农业推广中组织邻近性、合作治理机制与合作绩效间关系研究[D]. 北京: 中国农业大学, 2016.

[55]MANDARANO, LYNN A. Evaluating collaborative environmental planning outputs and outcomes: restoring and protecting habitat and the New York-new Jersey harbor estuary Program[J]. Journal of Planning Education and Research, 2008, 27(4): 456 - 68.

[56]BENTRUP G. Evaluation of a collaborative model: a case study analysis of watershed planning in the intermountain west [J]. Environmental Management, 2001, 27(5): 39 - 48.

[57]FLIERVOET J M, GEERLING G W, MOSTERT E, et al. Analyzing collaborative governance through social network analysis: a case study of river management along the waal River in the Netherlands[J]. Environmental Management, 2016, 57(2): 355 - 367.

[58]SANTIAGO A M, SOSKA T M, GUTIERREZ L M. Improving the effectiveness of community-based interventions: recent lessons from community practice[J]. Journal of Community Practice, 2017, 25(2): 139 - 142.

[59]吴建南, 刘仟仟, 陈子韬, 等. 中国区域大气污染协同治理机制何以奏效?: 来自长三角的经验[J]. 中国行政管理, 2020(5): 32 - 39.

[60]彭正龙, 何培旭. 制造企业供需双方关系、承诺与合作绩效间路径模型研究[J]. 华东经济管理, 2014, 28(2): 1 - 4.

[61]乔琳, 丁莹莹. 供应链企业间合作行为对企业间合作绩效的影响[J]. 统计与决策, 2019, 35(11): 186 - 188.

[62]LYLES M A, BAIRD I S. Performance of international joint ventures in two

Eastern European countries: the case of Hungary and Poland [J]. Management International Review, 1994, 34 (4): 313 - 329.

[63]郭斌,谢志宇,吴惠芳.产学合作绩效的影响因素及其实证分析[J].科学学研究,2003 (S1):140 - 147.

[64]BONACCORSI A, PICCALUGA A. A theoretical framework for the evaluation of university-industry relationships[J]. R&D Management, 1994, 24(3): 229 - 247.

[65]薛卫,曹建国,易难,等.企业与大学技术合作的绩效:基于合作治理视角的实证研究[J].中国软科学,2010(3):120 - 132.

[66]陈晓峰.关系资源对集群企业间合作绩效的影响研究[J].科研管理,2017,38 (6):59 - 66.

[67]许芳,田雨,沈文.服务供应链动态能力、组织学习与合作绩效关系研究[J].科技进步与对策,2015,32(11):15 - 19.

[68]张道潘,沈佳.组织邻近、知识转移、大数据采纳与产学研合作创新绩效:基于被调节的中介模型检验[J].上海对外经贸大学学报,2019,26(6):49 - 58.

[69]IMPERIAL M T. Using collaboration as a governance strategy lessons from six watershed management programs[J]. Administration & Society, 2005, 37 (3): 281 - 320.

[70]CORSTEN D, KUMAR N. Do suppliers benefit from collaborative relationships with large retailers? An empirical investigation of efficient consumer response adoption[J]. Journal of Marketing, 2005, 69(3): 80 - 94.

[71]MICHAEL M, MARTIN R, ROBERT E G. Oxford handbook of public policy [M]. UK: Oxford University Press, 2008: 469.

[72]杨伟明.联盟组合管理能力、双元合作与焦点企业绩效关系研究[D].重庆:重庆大学,2018.

[73]PFEFFER J, SALANCIK G R. The external control of organizations: a resource dependence perspective[J]. Social Science Electronic Publishing, 1979, 23(2): 123 - 133.

[74]DAS T K, TENG B S. Resource-based theory of strategic alliance[J]. Journal of Management, 2000, 26(1): 31 - 61.

[75]吴剑峰，吕振艳.资源依赖、网络中心度与多方联盟构建：基于产业电子商务平台的实证研究[J].管理学报，2007(4)：509－513.

[76]李健，陈淑娟.如何提升非营利组织与企业合作绩效?：基于资源依赖与社会资本的双重视角[J].公共管理学报，2017，14(2)：71－80.

[77]BARNES J A. Class and committees in a norwegian Island parish[J]. Human Relations，1954，7(1)：39－58.

[78]GULATI R. Alliances and networks[J]. Strategic Management Journal，1998，19(4)：293－317.

[79]汪丹.个体网络结构分析在科学交流活动中的应用研究：以碳纳米管领域的科学合作为例[J].科学学研究，2009，27(4)：523－528.

[80]王涛，黄苏萍，陈金亮.基于社会网络与制度环境理论融合的创业过程研究[J].经济与管理研究，2015，36(12)：131－140.

[81]吴松强，蔡婷婷，赵顺龙.产业集群网络结构特征、知识搜索与企业竞争优势[J].科学学研究，2018，36(7)：1196－1205.

[82]王庆喜，宝贡敏.社会网络、资源获取与小企业成长[J].管理工程学报，2007(4)：57－61.

[83]陈国鹰，孙进书，张爱国，等.水环境治理产业产学研合作模式与网络演化实证研究：基于社会网络分析视角[J].科技管理研究，2020，40(7)：139－140.

[84]刘军.整体网分析[M].上海：格致出版社，2014：18.

[85]邵云飞，周敏，王思梦.集群网络整体结构特征对集群创新能力的影响：基于德阳装备制造业集群的实证研究[J].系统工程，2013，31(5)：85－91.

[86]GRANOVETTER M. Economic action and social structure：the problem of embeddedness[J]. American Journal of Sociology，1985，91(3)：481－510.

[87]CROSBY L A，EVANS K R，COWLES D. Relationship quality in services selling：an interpersonal influence perspective[J]. Journal of Marketing，1990，54(3)：68－81.

[88]武志伟，陈莹.关系专用性投资、关系质量与合作绩效[J].预测，2008(5)：33－37.

[89]崔宝玉，程春燕.农民专业合作社的关系治理与契约治理[J].西北农林科技大

学学报(社会科学版),2017,17(6):40-47.

[90] BRIAN U. Embeddedness in the making of financial capital: how social relations and networks benefit firms seeking financing [J]. American Sociological Review,1999,64(4):481-505.

[91] WILLIANMSON O E. Transaction-cost economics: the governance of contractual relations[J]. Journal of Law & Economics,1979,22(2):233-261.

[92] ALASTON L J. The economic institutions of capitalism: firms markets, relational contracting [J]. Journal of Economic Behavior & Organization, 2006,8(2):316-318.

[93]周红.关系治理、契约治理与民营企业成长[J].江苏科技信息,2011(2):25-27.

[94] SCHEPKER D J, OH W Y, MARTYNOV A, et al. The many futures of contracts moving beyond structure and safeguarding to coordination and adaptation[J]. Journal of Management,2013,40(1):123-225.

[95] JIANG X, LI M, GAO S, et al. Managing knowledge leakage in strategic alliances: the effects of trust and formal contracts [J]. Industrial Marketing Management,2013,42(6):983-991.

[96]黄胜忠,林坚,徐旭初.农民专业合作社治理机制及其绩效实证分析[J].中国农村经济,2008(3):65-73.

[97] MACAULAY S. Non-contractual relations in business: a preliminary study [J]. American Sociological Review,1963,28(1):55-67.

[98] MACNEI I R. Contracts: adjustments of long-term economic relations under classical, neoclassical, and relational contract law [J]. Northwestern University law review,1977(72):854.

[99] LUSCH R F, BROWN J R. Interdependency, contracting, and relational behavior in market channels[J]. Journal of Marketing,1996,60(10):19-38.

[100]万俊毅.准纵向一体化、关系治理与合约履行:以农业产业化经营的温氏模式为例[J].管理世界,2008(12):93-102.

[101] MESQUITA L F, ANAND J, BRUCH T H. Comparing the resource-based

and relational views: knowledge transfer and spillover in vertical alliances [J]. Strategic Management Journal, 2008, 29(9): 913 - 941.

[102]CAPALDO A. Network governance: a cross-level study of social mechanisms, knowledge benefits, and strategic outcomes in joint-design alliances[J]. Industrial Marketing Management, 2014, 43(4): 685 - 703.

[103]FIOL M, LYLES M. Organizational learning[J]. Academy of management review, 1985, 10(4): 803 - 813.

[104]MARCH J G. Exploration and exploitation in organizational learning[J]. Organization Science, 1991, 2(1): 71 - 87.

[105]NICKERSON J A, ZENGER T R. A knowledge-based theory of the firm: the problem-solving perspective[J]. Organization Science, 2004, 15(6): 617 - 632.

[106]MARCH J G. Exploration and exploitation in organizational learning[J]. Organization Science, 1991, 2(1): 71 - 87.

[107]KATTARWALA N H. Organizational learning: keeping in the learning loop by managing management knowledge [J]. Lex ET Scientia International Journal, 2008, 15(2): 313 - 321.

[108]SHUILIN C, JIANGUO Z. Influence of organizational learning and dynamic capability on organizational performance of human resource service enterprises: moderation effect of technology environment and market environment[J]. Frontiers in Psychology, 2022, 13: 327.

[109]LANDI F, LATTANZIO F, GAMBASSI G, et al. A model for integrated home care of frail older patients: the silver network project[J]. Aging Clinical and Experimental Research, 1999, 11(4): 262 - 272.

[110]BOYDELL, LESLIE. European prototype for integrated care[J]. International Journal of Health Care Quality Assurance, 1996, 9(4): 30 - 32.

[111]BOUSQUET J, MEISSONNIER M, MICHALET V, et al. A novel approach to integrated care using mobile technology within home services: the ADMR pilot study[J]. Maturitas, 2019, 129(9): 1 - 5.

[112]李长远.社区居家医养结合养老服务模式的比较优势、掣肘因素及推进策略

[J]. 宁夏社会科学,2018(6):161－167.

[113]刘清发,孙瑞玲. 嵌入性视角下的医养结合养老模式初探[J]. 西北人口,2014,35(6):94－97.

[114]马伟玲,王俊华. 我国医养结合养老服务试点进展、存在问题及国家治理研究[J]. 苏州大学学报(哲学社会科学版),2017,38(3):24－31.

[115]唐敏,张春焰,吴海波. 医养结合型养老服务模式比较研究[J]. 卫生经济研究2018(2):60－63.

[116]胡宏伟,王恩见,张楚,等. 老年整合照料理念与实践:西方经验与政策启示[J]. 西北大学学报(哲学社会科学版),2017,47(4):86－96.

[117]杜鹏,李兵,李海荣."整合照料"与中国老龄政策的完善[J]. 国家行政学院学报,2014(3):86－91.

[118]阳程文,侯保疆. 养老机构开展"医养结合"的阻碍及对策研究:基于对广州的实地调查[J]. 当代经济管理,2019,41(4):66－71.

[119]鲍捷,毛宗福. 我国医养结合服务的公共物品理论浅析[J]. 卫生经济研究,2015(6):26－29.

[120]郑研辉,郝晓宁. 社区医养结合服务模式比较研究[J]. 兰州学刊,2021(1):201－208.

[121]封铁英,南妍. 医养结合养老模式实践逻辑与路径再选择:基于全国养老服务业典型案例的分析[J]. 公共管理学报,2020,17(3):113－125.

[122]杨翠迎,鲁於."医疗嵌入型"医养结合服务的行为逻辑与实践经验:基于上海市六个区的调查分析[J]. 云南民族大学学报(哲学社会科学版),2018,35(6):106－112.

[123]廖芮,张开宁,王华平,等. 我国健康老龄化背景下的医养结合:基本理念、服务模式与实践难题[J]. 中国全科医学,2017,20(3):270－277.

[124]张韬. 健康老龄化背景下医养结合服务模式探析:以中国红十字会医养护"三位一体"实践为例[J]. 中国特色社会主义研究,2017(2):93－97.

[125]于潇,包世荣. 健康中国背景下医养结合养老模式研究[J]. 社会科学战线,2018(6):271－275.

[126]陈成文,黄利平,陈建平. 从"制度阻滞"看推动城市"医养结合"发展的制度建

设方向[J]. 湖南社会科学,2018(4):69 - 76.

[127]王素英,张作森,孙文灿. 医养结合的模式与路径:关于推进医疗卫生与养老服务相结合的调研报告[J]. 社会福利,2013(12):11 - 14.

[128]睢党臣,彭庆超. “白发浪潮”下我国医养结合养老服务的发展困境与对策研究[J]. 宁夏社会科学,2016(4):134 - 141.

[129]沈婉婉,鲍勇. 上海市养老机构“医养结合”优化模式及对策研究[J]. 中华全科医学,2015,13(6):863 - 865.

[130]孙鹃娟,田佳音. 新健康老龄化视域下的中国医养结合政策分析[J]. 中国体育科技,2020,56(9):58 - 65.

[131]马姗伊,李阳. 医养结合养老服务模式与中国养老现实的契合[J]. 税务与经济,2016(6):25 - 29.

[132]杜少英. “医养结合”养老模式的障碍及破解[J]. 人民论坛,2018(33):64 - 65.

[133]青连斌. 我国养老服务业发展的现状与展望[J]. 中共福建省委党校学报,2016(3):75 - 83.

[134]陈坤,李士雪. 医养结合养老服务模式可行性、难点及对策研究[J]. 贵州社会科学,2018(4):65 - 70.

[135]李长远,张会萍. 医养结合养老服务供给主体角色定位及财政责任边界[J]. 当代经济管理,2021,43(2):65 - 72.

[136]杨翠迎,鲁於,杨慧. 我国养老服务发展中的财政政策困境及改进建议:来自上海市的实践与探索[J]. 陕西师范大学学报(哲学社会科学版),2018,47(5):15 - 24.

[137]罗琼,臧学英. 天津医养结合养老创新的逻辑、瓶颈与对策[J]. 天津行政学院学报,2017,19(3):43 - 48.

[138]中华人民共和国国家卫生健康委员会. 对十三届全国人大三次会议第 3593 号建议的答复[EB/OL]. (2021 - 02 - 08)[2022 - 01 - 03]. http://www. nhc. gov. cn/wjw/jiany/202102/184341d8d9254faeab2710e2f08c46a7. shtml.

[139]财政部政府与社会资本合作中心. 医养结合 PPP 项目[EB/OL]. (2019 - 05 - 08)[2022 - 01 - 03]. https://www. cpppc. org:8082/inforpublic/homepage. html

#/searchresult/医养结合.

[140]朱凤梅，苗子强.老龄化背景下“医养结合”的内涵、现状及其困境[J].中国卫生经济，2018，3(37)：11－15.

[141]谢舜，陈宇.城市养老服务中医养融合模式演变的多重逻辑[J].江汉论坛，2018(5)：126－132.

[142]同春芬，王珊珊.社区卫生服务中心与养老机构合作路径探析：以朴素式创新和伙伴关系理论为视角[J].学术界，2017(6)：78－87.

[143]袁莎莎，刘中元，王芳，等.以社区为基础的医养结合策略分析[J].中国卫生政策研究，2018，11(11)：46－50.

[144]田新朝.跨境养老服务：粤港澳大湾区的协同合作[J].开放导报，2017(5)：109－112.

[145]王晓晓，刘新功，郭清，等.基于扎根理论的社区医养结合服务公私合作模式研究[J].中国卫生政策研究，2020，13(12)：54－60.

[146]杨文杰.中国特色医养结合服务模式发展研究[J].河北大学学报(哲学社会科学版)，2017，42(5)：138－144.

[147]郭琳，王禅，郭辉.社会办医的国际经验与启示[J].中华医院管理杂志，2016，32(2)：89－91.

[148]陈洁，姚申君，吴健平，等.上海市养老机构空间分布研究[J].华东师范大学学报(自然科学版)，2018(3)：157－169.

[149]巢小丽，毛寿龙.合作优势、运营方式与规制设计：F省机构养老PPP模式分析[J].理论探讨，2017(3)：171－176.

[150]杨嘉莹.结构性嵌入：医养结合在社区居家养老中的实践逻辑[J].哈尔滨工业大学学报(社会科学版)，2017，19(5)：60－65.

[151]徐昊.O2O闭环设计在远程医养融合领域的应用：来自苏宁云商的经验借鉴[J].卫生经济研究，2016(3)：29－32.

[152]姜玉贞.社会养老服务多元主体治理模型建构与分析：基于扎根理论的探索性研究[J].理论学刊，2019(2)：143－151.

[153]胡善菊，张琪蒙，赵李洋，等.社区卫生机构参与医养结合的SWOT条件分析[J].中国老年学杂志，2021，41(13)：2891－2895.

[154]耿桂灵.医养结合理念下老年慢性病患者护理服务模式构建分析[J].护理管理杂志,2015,15(6):381-382.

[155]李丽珠,郝伟平,袁国萍."医养融合"老年护理改革的实践与发展[J].中国护理管理,2014,14(6):656-658.

[156]赵晓芳.健康老龄化背景下"医养结合"养老服务模式研究[J].兰州学刊,2014(9):129-136.

[157]王伟光.医养结合真的难操作?[J].中国卫生,2015(9):98.

[158]何寿奎.社会资本参与医养结合项目面临的问题与治理路径研究[J].当代经济管理,2018,40(11):53-59.

[159]窦全勇.潍坊市医养结合养老模式的探索[J].卫生经济研究,2017(2):63-66.

[160]李莉,裴瑞娟,孙涛,等.社区卫生服务机构参与居家养老服务的供给侧改革探讨[J].中国卫生政策研究,2016,9(11):52-56.

[161]孟颖颖.我国"医养结合"养老模式发展的难点及解决策略[J].经济纵横,2016(7):98-102.

[162]杨伊宁,励建安.应对老龄化社会:协同构建医养融合的养老新模式[J].南京社会科学,2019(2):73-78.

[163]周坚,邓绮琳.医养结合养老服务"供需错配"问题研究[J].卫生经济研究,2019,36(10):58-60.

[164]陈宇.医养融合的内在冲突及其制度化途径[J].学术论坛,2017,40(2):150-155.

[165]向平萍,尹广文."医养结合"难在哪,如何走得更好[J].人民论坛,2017(9):70-71.

[166]栾文敬,郭少云,王恩见,等.府际合作治理视域下医养结合部门协同研究[J].西北大学学报(哲学社会科学版),2018,48(3):64-73.

[167]李长远,张举国.我国医养结合养老服务的典型模式及优化策略[J].求实,2017(7):68-79.

[168]王一.上海市医养结合机构现状及问题剖析[J].统计科学与实践,2016(8):31-33.

[169]方红,姚红,刘奕男,等.医养结合模式下老年人健康现状和全科服务应对策略[J].中国全科医学,2020,23(S2):20-22.

[170]赵艺,马欣婷,曾玉娟.医养结合型养老模式的运营问题研究[J].管理观察,2014(24):187-188.

[171]朱婷婷.社会经济学视角下养老服务供给路径研究[D].南京:南京大学,2012.

[172]吉鹏.社会养老服务供给主体间关系解析:基于委托代理理论的视角[J].社会科学战线,2013(6):184-189.

[173]ZHOU Y,LI Y,ZHU X,et al. Medical and old-age care integration model and implementation of the integrated care of older people (ICOPE) in China:opportunities and challenges[J]. The Journal of Nutrition,Health & Aging,2021,25(6):720-723.

[174]TAVASSOLI N,PIAU A,BERBON C,et al. Framework implementation of the INSPIRE ICOPE-CARE program in collaboration with the World Health Organization (WHO) in the Occitania region[J]. The Journal of Frailty & Aging,2020,10(2):103-109.

[175]CRISTIANO G,JOSE L F,RAPHAEL W. Long-term care reforms in OECD countries[J]. Journal of Pension Economics and Finance,2017,16(2):266-267.

[176]MUI A C. The program of all-inclusive care for the elderly (PACE)[J]. Journal of Aging & Social Policy,2002,13(2-3):53-67.

[177]詹祥,周绿林,石塚哲朗,等.日本老龄介护保险的创新改革及挑战[J].中国卫生事业管理,2017,34(2):83-86.

[178]The Health and Welfare Bureau for the Elderly,Ministry of Health Labour and Welfare. Japan's long-term care insurance system & community-based integrated care system: economy[J]. Culture & History Japan Spotlight Bimonthly,2019,38(4):34-38.

[179]HANSEN J C. Practical lessons for delivering integrated services in a changing environment:the PACE model[J]. Generations,1999,23(2):22-28.

[180]KUMAKAWA T,OTAGA M,OGUCHI T,et al. Role of the social and

community prescription in the integrated community-based health care system in Japan. [J]. International Journal of Integrated Care, 2016, 16(6):160.

[181]王鑫,于秀琴.合作网络视角下雄安新区特色康养体系的协同构建[J].新视野,2019(6):28-33.

[182]谷军,商卉.发展京津冀协同养老模式的思考[J].人民论坛,2019(10):66-67.

[183]吴宗辉,吴江.跨区域养老,面临的挑战与机遇[J].人民论坛,2020(28):68-70.

[184]王浦劬,雷雨若,吕普生.超越多重博弈的医养结合机制建构论析:我国医养结合型养老模式的困境与出路[J].国家行政学院学报,2018(2):40-51.

[185]刘亚娜.我国医养结合养老服务政策网络与耦合协同[J].中国行政管理,2018(8):53-58.

[186]胡翔凤.社区居家医养结合养老服务多中心治理模式研究:基于W市的实践[J].卫生经济研究,2020,37(11):11-14.

[187]易婧,屈锡华,卢东.智慧养老背景下西部地区医养结合服务供给主体关系博弈研究[J].西藏大学学报(社会科学版),2018,33(1):155-162.

[188]赵大仁,张瑞华,何思长,等.医养结合相关问题的思考与建议[J].卫生经济研究,2016(9):44-46.

[189]同春芬,王珊珊.社区卫生、环境支持与养老机构合作模式[J].重庆社会科学,2017(4):75-82.

[190]郝岩,王丽,刘新颖,等.方庄社区卫生服务中心基于IFOC模式的社区居家养老医疗服务模式研究[J].中国全科医学,2018,21(34):4212-4216.

[191]张振波.论协同治理的生成逻辑与建构路径[J].中国行政管理,2015(1):58-61.

[192]焦克源.社会组织参与公共危机协同治理的困境与出路:以红十字会慈善捐赠工作为例[J].行政论坛,2020,27(6):122-129.

[193]朱凌.合作网络与绩效管理:公共管理实证研究中的应用及理论展望[J].公共管理与政策论,2019,8(1):3-19.

[194]马雪松.结构、资源、主体:基本公共服务协同治理[J].中国行政管理,2016(7):52-56.

[195]刘波,方奕华,彭瑾."多元共治"社区治理中的网络结构、关系质量与治理效果:以深圳市龙岗区为例[J].管理评论,2019,31(9):278-290.

[196]ROBERT A,MICHAEL M. Multinetwork management:collaboration and the Hollow State in local economic Policy[J]. Journal of Public Administration Research and Theory,1998,8(1):67-91.

[197]史传林.社会管理中的政府与社会组织合作治理研究:绩效视角[D].兰州:兰州大学,2015.

[198]姜庆志.面向新型城镇化的县域合作治理绩效影响机制研究[D].武汉:华中师范大学,2015.

[199]锁利铭,阚艳秋.大气污染政府间协同治理组织的结构要素与网络特征[J].北京行政学院学报,2019(4):9-19.

[200]陈伟,黄洪.长期照护结构性制度中的"绩效-风险"双轴效应研究:一个"协同治理"的理论框架[J].河北学刊,2017,37(4):178-183.

[201]张书涛.政府绩效评估的政策偏差与矫治:基于府际协同治理的视角[J].河南师范大学学报(哲学社会科学版),2016,43(2):17-22.

[202]罗文剑,陈丽娟.大气污染政府间协同治理的绩效改进:"成长上限"的视角[J].学习与实践,2018(11):43-51.

[203]NAHAPIET J,GHOSHAL S. Social capital,intellectual capital,and the organizational advantage[J]. Academy of Management Review,1998,23(2):242-266.

[204]SINGH V G,ZAHEER A,HERNANDEZ E. The embeddedness of networks:institutions,structural holes,and innovativeness in the fuel cell industry[J]. Organization Science,2013,24(3):645-663.

[205]林聚任.社会网络分析:理论、方法与应用[M].北京:北京师范大学出版社,2009:107-117.

[206]张涵,康飞,赵黎明.联盟网络联系、公平感知与联盟绩效的关系:基于中国科技创业联盟的实证研究[J].管理评论,2015,27(3):153-162.

[207]冉龙,陈劲,董富全.企业网络能力、创新结构与复杂产品系统创新关系研究[J].科研管理,2013,34(8):1-8.

[208]林润辉,谢宗晓,丘东,等.协同创新网络、法人资格与创新绩效:基于国家工程技术研究中心的实证研究[J].中国软科学,2014(10):83-96.

[209]张红娟,谭劲松.联盟网络与企业创新绩效:跨层次分析[J].管理世界,2014(3):163-169.

[210]冯卫红,胡建玲.旅游产业集群网络结构与企业绩效关系研究[J].经济问题,2016(2):125-128.

[211]王海花,王蒙怡,孙银建.社会网络视角下跨区域产学协同创新绩效的影响因素研究[J].科技管理研究,2019,39(3):26-33.

[212]谢永平,毛雁征,张浩淼.组织间信任、网络结构和知识存量对网络创新绩效的影响分析:以知识共享为中介[J].科技进步与对策,2011,28(24):172-176.

[213]连远强,查耀华.新兴产业创新联盟的网络结构与创新绩效关系[J].科技管理研究,2016,36(19):129-135.

[214]徐言琨,侯克兴.科技型企业创新网络结构与创新绩效影响关系研究[J].工业技术经济,2020,39(4):36-41.

[215]左晶晶,谢晋宇.社会网络结构与创业绩效:基于270名科技型大学生创业者的问卷调查[J].研究与发展管理,2013,25(3):64-73.

[216]陈关聚,张慧.创新网络中组织异质性、互动强度与合作创新绩效的关系[J].中国科技论坛,2020(2):28-35.

[217]蒋兴华,范心雨,汪玲芳.伙伴关系、协同意愿对协同创新绩效的影响研究:基于政府支持的调节作用[J].中国科技论坛,2021(2):9-16.

[218]MCEVILY B, MARCUS A. Embedded ties and the acquisition of competitive capabilities[J]. Strategic Management Journal,2005,26(11):1033-1055.

[219]王凯,胡赤弟,陈艾华.大学网络能力对产学知识协同创新绩效的影响[J].科研管理,2019,40(8):166-178.

[220]LIAO Z, LONG S. Can interfirm trust improve firms' cooperation on environmental innovation? The moderating role of environmental hostility

[J]. Business Strategy & the Environment,2019,28(1):198－205.

[221]MORGAN R M,HUNT S D. The commitment-trust theory of relation-ship marketing[J]. The Journal of Marketing,1994,58(3):20－38.

[222]贾生华,吴波,王承哲.资源依赖、关系质量对联盟绩效影响的实证研究[J].科学学研究,2007(2):334－339.

[223]简兆权,李敏,叶赛.企业间关系承诺与信息共享对服务创新绩效的影响:网络能力的作用[J].软科学,2018,32(7):70－73.

[224]蒋旭灿,王海花,彭正龙.开放式创新模式下创新资源共享对创新绩效的影响:环境动荡性的调节效应[J].科学管理研究,2011,29(3):5－10.

[225]宋华,王岚.企业间学习与信任互补作用于创新绩效吗?:基于企业间合作行为的视角[J].科学学与科学技术管理,2009,30(4):159－165.

[226]MISCHEN P A. Collaborative network capacity[J]. Public Management Review,2015,17(3):380－403.

[227]林润辉,张红娟,范建红.基于网络组织的协作创新研究综述[J].管理评论,2013,25(6):31－46.

[228]郑景丽,龙勇.不同动机下联盟能力、治理机制与联盟绩效关系的比较[J].经济管理,2012,34(1):153－163.

[229]宁靓,任文敏,王京.政府、创业载体与在孵企业合作绩效的提升路径:基于跨组织协同视角[J].科学学研究,2021,39(9):1652－1661.

[230]陈莉平,石嘉婧.联盟企业间关系治理行为对合作绩效影响的实证研究:以信任为中介变量[J].软科学,2013,27(4):54－60.

[231]李浩,胡海青,费良杰.孵化网络治理机制、网络负效应对网络绩效的影响[J].科技进步与对策,2018,35(20):30－37.

[232]KOEBELE,ELIZABETH A. Assessing outputs,outcomes,and barriers in collaborative water governance:a case study[J]. Journal of Contemporary Water Research & Education,2015,155(1):63－72.

[233]WONG K,CROSS A,BURTON C M. A quantitative analysis of knowledge collaboration enablers for practicing engineers[J]. Engineering Management Journal,2020(5):1－13.

[234]GASH A A. Collaborative governance in theory and practice[J]. Journal of Public Administration Research & Theory J Part,2008,18(4):543－571.

[235]刘伟. 论乡村环境协同治理的行动者网络及其优化策略[J]. 学海,2018(2):114－120.

[236]HILLMAN A,WITHERSIT M,CALLINS B. Resource dependence theory: a review [J]. Journal of Management,2009,35(6):1404－1427.

[237]叶托. 资源依赖、关系合同与组织能力:政府购买公共服务中的社会组织发展研究[J]. 行政论坛,2019,26(6):61－69.

[238]PISKORSKI C. Power imbalance,mutual dependence,and constraint absorption:a closer look at resource dependence theory[J]. Administrative Science Quarterly,2005,50(2):167－199.

[239]邱泽奇,由人文. 差异化需求、信息传递结构与资源依赖中的组织间合作[J]. 开放时代,2020(2):180－192.

[240]李学楠. 政社合作中资源依赖与权力平衡:基于上海市行业协会的调查分析[J]. 社会科学,2015(5):27－36.

[241]杜欣. 网络视角下联盟组合创新合作行为的演化与创新绩效研究[D]. 成都:电子科技大学,2017.

[242]JONES C,BORGATTI H S P. A general theory of network governance: exchange conditions and social mechanism[J]. Academy of management Review,1997,22(4):911－945.

[243]李维安,周建. 作为企业竞争优势源泉的网络治理:基本的概念分析框架和研究假设[J]. 南开管理评论,2004(2):12－17.

[244]孙国强. 网络组织的治理机制[J]. 经济管理,2003(4):39－43.

[245]MANDELL M, KEAST R. Evaluating network arrangements: toward revised performance measures[J]. Public Performance & Management Review, 2007,(30)4:574－597.

[246]史传林. 政府与社会组织合作治理的绩效评价探讨[J]. 中国行政管理,2015(5):33－37.

[247]LEE D J,SIRGY M J,BROWN J R,et al. Importers' benevolence toward

their foreign export suppliers[J]. Journal of the Academy of Marketing Science,2004,32(1):32-48.

[248]ULIBARRI N. Tracing process to performance of collaborative governance: a comparative case study of federal hydropower licensing[J]. Policy Studies Journal,2015,43(2):283-308.

[249]GUPTA A K, SMITH K G, SHALLEY C E. The interplay between exploration and exploitation[J]. Academy of Management Journal,2006,49(4):693-706.

[250]SZULANSKI G. Exploring internal stickiness: impediments to the transfer of best practice within the firm[J]. Strategic Management Journal,1996,17(Winter Special Issue):27-43.

[251]吴翠萍,王成利,王洪娜. 医养融合养老:供给途径、实践困境与政府责任:基于公共产品理论的视角[J]. 东岳论丛,2017,38(10):37-44.

[252]伏威. 政府与养老服务社会组织合作的优化路径研究[J]. 延边大学学报(社会科学版)2020,53(1):93-100.

[253]WANG C L,RAFIQ M. Organizational diversity and shared vision: resolving the paradox of exploratory and exploitative learning[J]. European Journal of Innovation Management,2009,12(1):86-101.

[254]BAKER W E,SINKULA J M. The synergistic effect of market orientation and learning orientation on organizational performance[J]. Journal of the Academy of Marketing Science,1999,27(4):411-427.

[255]余维新,熊文明,黄卫东. 创新网络关系治理对知识流动的影响机理研究[J]. 科学学研究,2020,38(2):373-384.

[256]李士梅,高维龙. 契约视角下政府委托第三方提供养老服务的激励约束机制分析[J]. 内蒙古社会科学(汉文版),2018,39(2):117-124.

[257]广州市老龄委,广州市民政局,广州市市统计局. 2018 年广州老龄事业发展报告和老年人口数据手册[EB/OL]. (2019-10-15) [2021-07-06]. https://www. gz. gov. cn/zfjgzy/gzswsjkwyh/zdlyxxgk/jbylws/ggws/content/mpost_2996619. html.

[258]广州市人民政府.2019年广州老龄事业发展报告和老年人口数据手册[EB/OL].(2020-11-12)[2021-07-06].http://www.gz.gov.cn/xw/zwlb/content/mpost_6908839.html.

[259]西安市民政局.对市十六届人大五次会议第0140号建议的复函[EB/OL].(2020-08-19)[2021-07-06].http://mzj.xa.gov.cn/zwgk/jytabl/rdjy/5f840f47f8fd1c596628f4bc.html.

[260]赵中华,孟凡臣.知识治理对目标方知识员工行为激励的机理研究[J].南开管理评论,2019,22(03):4-14.

[261]张志朋,李朋波,朱丽.组织变革理论视角下独立承包商灵活用工的动力机制研究[J].管理学报,2021,18(6):803-812.

[262]OSBORNE S P,RADNOR Z,STROKODCH K. Co-production and the co-creation of value in public services:a suitable case for treatment [J]. Public Management Review,2016,18(5):639-653.

[263]GREENWOOD R,HINING C R. Understanding radical organizational change: bringing together the old and the new institutionalism[J]. The Academy of Management Review,1996;21(4):1022-1054.

[264]NADLER A D,TUSHMA M L. Organizational frame bending: principles for managing reorientation[J]. Academy of Management Executive,1989,3(3):194-203.

[265]KANITZ R,QUY NGUYEN H,BACKMANN J,HOEGL M. No change is an island: how interferences between change initiatives evoke inconsistencies that undermine implementation[J]. Academy of Management Journal,2022,65(2):683-710.

[266]谢雅萍,张金连.创业团队社会资本与新创企业绩效关系[J].管理评论,2014,26(7):104-114.

[267]SMITH R B H L. The comparative method: moving beyond qualitative and quantitative strategies[J]. Population and Development Review,1990,16(4):784-788.

[268]崔树义,田杨.养老机构发展“瓶颈”及其破解:基于山东省45家养老机构的

调查[J]. 中国人口科学,2017(2):115－125.

[269]斯科特,戴维斯. 组织理论:理性、自然与开放系统的视角[M]. 北京:中国人民大学出版社,2011:219－220.

[270]唐德龙. 资源依赖、合作治理与公共服务递送:以深圳市阳光家庭综合服务中心项目运作为例[J]. 华东理工大学学报(社会科学版),2014,29(3):88－97.

[271]孙进书,陈国鹰,张爱国. 非对称技术联盟小企业资源依赖对伙伴选择与双重价值占有的影响:以水环境治理行业为例[J]. 技术经济,2020,39(9):162－169.

[272]ALPERl S,DEAN T,LAW K S. Interdependence and controversy in group decision making:antecedents to effective self-managing teams[J]. Organizational Behavior and Human Decision Processes,1998,74(1):33－52.

[273]MORA E M,MONTARO A,GUERRAS L A. Determining factors in the success of R&D cooperative agreements between firms and research organizations[J]. Research Policy,2004,33(1):17－40.

[274]王黎萤. 研发团队创造气氛、共享心智模型与团队创造力研究[D]. 杭州:浙江大学,2010.

[275]陈爽英,井润田,龙小宁,等. 民营企业家社会关系资本对研发投资决策影响的实证研究[J]. 管理世界,2010(1):88－97.

[276]王璁,王凤彬. 大型国有企业集团总部对成员单位控制体系的构型研究:基于102 家中央企业的定性比较分析[J]. 南开管理评论,2018,21(6):185－197.

[277]郝瑾,王凤彬,王璁. 海外子公司角色分类及其与管控方式的匹配效应:一项双层多案例定性比较分析[J]. 管理世界,2017(10):150－171.

[278]吴炜华,张守信. 全媒体人才之业界需求:基于定性比较分析方法[J]. 现代传播(中国传媒大学学报),2020,42(3):154－161.

[279]FISS P C. Building better causal theories:a fuzzy set approach to typologies in organization research[J]. Academy of Management Journal,2011,54(2):393－420.

[280]RAGIN C C. Set relations in social research:evaluating their consistency and coverage[J]. Political Analysis,2006(14):291－310.

[281]张明,杜运周. 组织与管理研究中 QCA 方法的应用:定位、策略和方向[J].

管理学报,2019,16(9):1312-1323.

[282]周天舒,马钦海,杨勇等.顾客服务己化量表开发与验证[J].管理学报,2021,18(01):118-126.

[283]王朝辉,陈洁光,黄霆,等.企业创建自主品牌关键影响因素动态演化的实地研究:基于广州12家企业个案现场访谈数据的质性分析[J].管理世界,2013(6):111-127.

[284]ZOLLO M,SINGH R H. Interorganizational routines and performance in strategic alliances[J]. Organization Science,2002,13(6):701-713.

[285]RUSSELL C,CLARK J,HANNAH D,SUGDEN F. Towards a collaborative governance regime for disaster risk reduction: exploring scalar narratives of institutional change in Nepal[J]. Applied Geography,2021:134.

[286]CHONG H G. Measuring performance of Chinese joint ventures[J]. Advances in Accounting,2009,25(1):81-88.

[287]MCGEE J E,MEGGINSON D W L. Cooperative strategy and new venture performance: the role of business strategy and management experience[J]. Strategic Management Journal,1995,16(7):565-580.

[288]ZOLLO M,SINGH R H. Interorganizational routines and performance in strategic alliances[J]. Organization Science,2002,13(6):701-713.

[289]张智勇,赵俊,石永强.养老服务供应链创新模式:绩效评价与优化策略:基于广州荔湾区的调查[J].商业研究,2013(8):107-114.

[290]任强.企业跨组织合作互动与合作创新绩效的关系研究[J].湖北文理学院学报,2012,33(8):69-72.

[291]EMERSON K,NABATCHI T. Evaluating the productivity of collaborative governance regimes: a performance matrix [J]. Public performance & management review,2015,38(4):717-747.

[292]SHORE J,BERNSTEIN E,LAZER D. Facts and figuring: an experimental investigation of network structure and performance in information and solution spaces[J]. Organization Science,2015,(5):1432-1446.

[293]ALIA K A,FREEDMAN D A,BRANDT H M & BROWNE T. Identifying

emergent social networks at a federally qualified health center-based farmers market[J]. American Journal of Community Psychology, 2014, 53(3 - 4): 335 - 345.

[294]锁利铭,陈斌. 地方政府合作中的意愿分配:概念、逻辑与测量:以泛珠三角为例[J]. 学术研究,2021(4):58 - 67.

[295]武志伟,陈莹. 关系公平性、企业间信任与合作绩效:基于中国企业的实证研究[J]. 科学学与科学技术管理,2010,31(11):143 - 149.

[296]DEEDS D L, HILL C. Strategic alliances and the rate of new product development:an empirical study of entrepreneurial biotechnology firms[J]. Journal of Business Venturing,1996,11(1):41 - 55.

[297]李丹,杨建君. 关系状态、信任、创新模式与合作创新绩效[J]. 科研管理,2018,39(6):103 - 111.

[298]SARKAR M B,ECHAMBADI R,CAVUSGIL S T,et al. The influence of complementarity, compatibility, and relationship capital on alliance performance[J]. Journal of the Academy of Marketing Science,2001,29(4):358 - 373.

[299]AUTRY C W,SKINNER L R,LAMB C W. Interorganizational citizenship behaviors:an empirical study[J]. Journal of Business Logistics,2008,29(2):53 - 74.

[300]DE W K,ODEKERKEN S G,IACOBUCCI D. Investments in customer relationships:a cross country and cross industry exploration [J]. Journal of Marketing,2001,65(4):33 - 50.

[301]FYNES B,VOSS C,BURCA S D. The impact of supply chain relationship quality on quality performance[J]. International Journal of Production Economics,2005,96(3):339 - 354.

[302]XAVIER J A, BIANCHI C. An outcome-based dynamic performance management approach to collaborative governance in crime control:insights from Malaysia[J]. Journal of Management and Governance,2019,24(4):1089 - 1114.

[303]MOSHTARI M. Interorganizational fit, relationship management capability, and collaborative performance within a humanitarian setting[J]. Production and Operations Management, 2016, 25(9): 1542 - 1557.

[304]O'TOOLE L J, MEIER K J. Public management in intergovernmental networks: matching structural networks and managerial networking[J]. Journal of Public Administration Research & Theory, 2004(4): 469 - 494.

[305]CONLEY T, UDRY C. Social learning through networks: the adoption of new agricultural technologies in Ghana[J]. American Journal of Agricultural Economics, 2001, 83(3): 668 - 673.

[306]MANOJ K SHRESTHA. Self-organizing network capital and the success of collaborative public programs[J]. Journal of Public Administration Research and Theory, 2013, 23(2): 307 - 329.

[307]MARAFIOTI E, MARIANI L, MARTINI M. Exploring the effect of network governance models on health-care systems performance[J]. International Journal of Public Administration, 2004, 37(13): 987 - 998.

[308]BERARDO R. Processing complexity in networks: a study of informal collaboration and its effect on organizational success[J]. Policy Studies Journal, 2009, 37(3): 521 - 539.

[309]张保仓. 虚拟组织网络规模、网络结构对合作创新绩效的作用机制：知识资源获取的中介效应[J]. 科技进步与对策, 2020, 37(5): 27 - 36.

[310]COLEMAN J S. Social capital in the creation of human capital[J]. American Journal of Sociology, 2000(Suppl 1): 17 - 41.

[311]O' TOOLE L J, MEIER K J. Change: Public Management, Personnel Stability, and Organizational Performance[J]. Journal of Public Administration Research and Theory, 2003, 13(01): 43 - 64.

[312]OKITASARI M, KIDAKORO T. Understanding Collaborative Governance in Decentralizing Indonesia[J]. Urban & Regional Planning Review, 2014(1): 82 - 98.

[313]VASUDEVA G, ZAHEER A, HERNANDEZ E. The embeddedness of

networks: institutions, structural holes, and innovativeness in the fuel cell industry[J]. Organization Science, 2013, 24(13): 645-663.

[314]胡一凡. 京津冀大气污染协同治理困境与消解：关系网络、行动策略、治理结构[J]. 大连理工大学学报(社会科学版), 2020, 41(2): 48-56.

[315]石书德，张帏，高建. 新企业创业团队的治理机制与团队绩效的关系[J]. 管理科学学报, 2016, 19(5): 14-27.

[316]YEN D A, BARNES B R, CHENG L W. The measurement of guanxi: introducing the GRX scale[J]. Industrial Marketing Management, 2011, 40(1): 97-108.

[317]MAHAPATRA S K, NARASIMHAN R, BARBIERI P. Strategic interdependence, governance effectiveness and supplier performance: a dyadic case study investigation and theory development[J]. Journal of Operations Management, 2010, 28(6): 537-552.

[318]WANG M, ZHANG Q, WANG Y, et al. Governing local supplier opportunism in China: moderating role of institutional forces[J]. Journal of Operations Management, 2016, 46(9): 84-94.

[319]WACKER J G, YANG C, SHEU C. A transaction cost economics model for estimating performance effectiveness of relational and contractual governance: theory and statistical results[J]. International Journal of Operations & Production Management, 2016, 36(11): 1551-1575.

[320]SKARMEAS D, ZERITI A, BALTAS G. Relationship value: drivers and outcomes in international marketing channels[J]. Journal of International Marketing, 2016, 24(1): 22-40.

[321]LINDGREEN A. Value in business and industrial marketing: past, present, and future[J]. Industrial Marketing Management, 2012, 41(1): 207-214.

[322]BECKMAN C M, HAUNSCHILD P R. Network learning: the effects of partners' heterogeneity of experience on corporate acquisitions[J]. Administrative Science Quarterly, 2002, 47(1): 92-124.

[323]HATCH D. Relation-specific capabilities and barriers to knowledge transfers:

creating advantage through network relationships [J]. Strategic Management Journal,2006,27(8):701 - 719.

[324]DYER J H,SINGH H,HESTERLY W S. The relational view revisited:a dynamic perspective on value creation and value capture [J]. Strategic Management Journal,2018,39(12):3140 - 3162.

[325]CAMEN C,GOTTFRIDSSON P,RUNDH B. To trust or not to trust? Formal contracts and the building of long-term relationships [J]. Management Decision,2011,49(3):365 - 383.

[326]HEIDE J B,HEIDE. Interorganizational governance in marketing channels [J]. Journal of Marketing,1994,58(1):71 - 85.

[327]LEE Y,CAVUSGIL S T. Enhancing alliance performance:the effects of contractual-based versus relational-based governance [J]. Journal of Business Research,2006,59(8):896 - 905.

[328]POOPPO L,ZENGER T. Do formal contracts and relational governance function as substitutes or complements? [J]. 2002,23(8):707 - 725.

[329]ZAHEER A,MCEVILY B,PERRONE V. Does trust matter? Exploring the effects of interorganizational and interpersonal trust on performance [J]. Organization Science,1998,9(2):141 - 159.

[330]GNYAWAI D,MADHAVAN R. Cooperative networks and competitive dynamics:a structure embeddness perspective[J]. Academy of Management Review,2001,26(3):431 - 445.

[331]汪蕾,蔡云,陈鸿鹰.企业社会网络对创新绩效的作用机制研究:基于浙江的实证[J].科技管理研究,2011,31(14):59 - 64.

[332]LI J J,POPPO L,ZHOU K Z. Relational mechanisms,formal contracts,and local knowledge acquisition by international subsidiaries [J]. Strategic Management Journal,2010,31(4):349 - 370.

[333]CAI S,YANG Z,HU Z. Exploring the governance mechanisms of quasi-integration in buyer-supplier relationships [J]. Journal of Business Research,2009,62(6):660 - 666.

[334]CANNON J P, PERREAULT W D. Buyer-seller relationships in markets business[J]. Journal of Marketing Research, 1999, 36(4): 439-460.

[335]LIN Y H, GUO Y, KIM C J, et al. The impact of relational governance on the adaptability of international contractors: a comparative study between China and Korea [J]. Engineering Construction & Architectural Management, 2020, 27(6): 3235-3259.

[336]严敏,严玲,邓娇娇. 行业惯例、关系规范与合作行为:基于建设项目组织的研究[J]. 华东经济管理,2015,29(8):165-174.

[337]ERIKSSON P E, LAAN A. Procurement effects on trust and control in client-contractor relationships [J]. Engineering, Construction and Architectural Management, 2007, 14(4): 387-399.

[338]马鸿佳,马楠,郭海. 关系质量、关系学习与双元创新[J]. 科学学研究,2017,35(6):917-930.

[339]高建刚,马中东,王丙毅. 基于结构方程模型的中国风能产业发展障碍因素研究[J]. 中国软科学,2016(12):24-36.

[340] LI H L, TRIENENEKENS J H, OMTA S W F, et al. Guanxi networks, buyer-seller relationships and farmers' participation in modern vegetable markets in China[J]. Journal of International Food & Agribusiness Marketing, 2010, 22(1): 70-93.

[341]李明星,苏佳璐,胡成. 产学研合作中企业网络位置与关系强度对技术创新绩效的影响[J]. 科技进步与对策,2020,37(14):118-124.

[342]ORJAN B, BEATRICE I C. The role of social networks in natural resource governance: what relational patterns make a difference? [J]. Global Environmental Change, 2009, 19(3): 366-374.

[343] YI H. Network structure and governance performance: what makes a difference? [J]. Public Administration Review, 2018, 78(2): 195-205.

[344]杨宜音,闫玉荣. 网络环境下公众建立信息信任的心理基础:以"罗尔事件"为例[J]. 中央民族大学学报(哲学社会科学版),2021,48(1):60-70.

[345]焦玉良. 熟人社会、生人社会及其市场交易秩序:与刘少杰教授商榷[J]. 社会

学评论,2015,3(3):25－32.

[346]任荣.组织认同、团队认同对合作研发绩效的影响:概念模型及相关假说[J].经济管理,2011,33(12):84－92.

[347] HUBER T L, FISCHER T A, DIBBERN J, et al. A process model of complementarity and substitution of contractual and relational governance in IS outsourcing[J]. Journal of Management Information Systems,2013,30(03):81－114.

[348]冯华,李君翊.组织间依赖和关系治理机制对绩效的效果评估:基于机会主义行为的调节作用[J].南开管理评论,2019,22(3):103－111.

[349] DONG W, MA Z, ZHOU X. Relational governance in supplier-buyer relationships: the mediating effects of boundary spanners' interpersonal guanxi in China's B2B market[J]. Journal of Business Research,2016,78(9):332－340.

[350]CHENG L W, GUANXI V S. Relationship marketing: exploring underlying differences[J]. Industrial Marketing Management,2007,36(1):81－86.

附　录

附录 A

医养结合服务合作网络形成条件开放式编码过程与结果

原始资料语句	概念化	范畴
18(043—045)医养结合服务市场前景广阔，因为我们的社会已经迈入老龄化阶段……所以说银发经济越来越明显。 22(030—032)这个是绝对可以肯定的，一定会是这样子的，因为说实在的，我们已经步入了养老社会。	老龄化到来，养老市场前景广阔	
23(082—083)其实这个东西市场需求是非常大的，就是一般的老人，到了一定的这个年龄了之后，能自理的就比较少。 23209 这么多的市场需求，我们怎么样能够给更多的老人、家属与家庭提供更好的服务。	合作方看好养老市场	市场环境
03(044—046)我想是这样的，我觉得我们养老这块，路会来越来越宽的。我老了，我不可能把我这个压力都施加给儿女……所以一定是需要机构来做的。	养老未来的路越来越宽	
12222 有，周边老年人多得很。 04012 我觉得首先是我们辖区处在老城区，这个辖区的房子都比较旧，居住的老年人比较多。	周边有较多老年人	

续表

原始资料语句	概念化	范畴
02095 政府对我们建设运营的政策是支持的。 08(015—016)成立护理院以来,我们了解到的行业养老趋势和国家政策比较多一点,然后跟着就开发了各种项目。 20(057—058)还有第 4 点就是关于医养结合政策方面的一些指引,这些是政府目前做得比较好的方面,而且对我们的帮助力度是很大的。	政策引导	政策环境
03015 国家现在对养老是非常支持的。 03005 目前在医养这一块吧,国家政策对咱们也特别支持,民政部门也特别支持。	政策支持	
10032 这街办为咱们提供了这个场地。 20056 所以这就是政府的推动作用,场地等硬件都是由政府免费提供的。	政府提供场地支持	
20(094—095)政府购买这个项目每年有工时的……广州市有一个社区就是教它评估管理办法的,然后里面有 10 项服务的一个评估标准。 16(029—032)Q:那有没有上级政府给咱们指导? A:也有领导来视察,会提出一些指导建议。	政府监督合作	
20(056—057)所以政府的推动的话,第三个就是经费的一些支持,对政府的推提供推动。 23(153—154)Q:那现在在租金上,相关的街道有没有给予相应的补贴? A:有一部分补贴。	政府提供资金支持	

续表

原始资料语句	概念化	范畴
23(028—029)像这个社区老年人的文化程度高一些,他们的收支水平也高一些,不像××厂社区,它是厂矿的社区,住的都是厂矿的老年人。就这两个社区老年人对比的话,我觉得××厂社区的老年人更好一些,他们更能接受这些服务。 24(176—177)Q:那会对老年人的整个教育水平和经济水平有考量吗?A:也有。这对民营机构经营也是非常重要的。如果我们不去考量这个东西的话,那你花了钱,建了几个就会倒塌。	考量区域老年人教育水平与经济水平	社会环境
09126这个我觉得有关系,但是也可以说是关系不大。这个我觉得还是人的观念问题。 11105从整个的发展情况来看,养老这个行业目前来说社会认可度不是很高。就是说不管是对于工作人员还是对于老年人自身,思想观念要有所转变。	是否接受服务与老年人及其家属观念有关	
03(046—047)现在好多老年人,他们的观念已经有一定的改变了,他们有些人选择养老机构,还有一些人,他们几个人关系好,就租个房子在一块住,互相有个照应,有个说话的,这样心情也好。 18(064—065)只要有政府引导、舆论引导,社会观念上慢慢就改变了。按过去的观念谁把老人送到敬老院,就感觉自己家里好像没有人一样,觉得丢人,现在把老年人送到养老院,觉得特别风光。	老年人观念发生转变,开始接受非家庭养老服务	
03007在这儿住的话,(老年人)又能养又能医,对子女、对老人来说都省心。 22(162—163)Q:咱们这里送老年人来的家属,对医养结构的这种方式认同吗?A:还好。	老年人及其家属认同医养结合方式	

续表

原始资料语句	概念化	范畴
10036 是街办在协调社区和我们之间的关系，对接场地和服务项目。 03(128—133)我跟社区、跟医院关系良好，他们都支持我们家，因为××街道有 13 个社区，都要通过街道来联系。 09013 这个机构好像应该也挺长时间了，应该是跟咱们区上也有联系。	合作前，管理者与街道、社区或其他政府系统管理者的关系	政府关系资本
03157 比如说那天孙经理说他要找医院，我说那你就找我们医院嘛，找我们医院我能熟一点，这也是一个选择嘛。 08013 我们这儿的老板他本来就是中医院的。 22(069—070)Q：那跟××医院这种合作是政府推动的吗？ A：不是的，也是私人关系。	合作前，管理者具有私人医疗资源关系	非政府关系资本
03(022—023)街道的领导、我们医院的领导、好几个护理院领导都来这儿恭喜。 03(128—129)我这儿呢，跟社区、跟医院关系良好，它们都支持我们家。	合作前，管理者与区域医院、护理院关系良好	
24305 所以说，要建立这样的机构，管理者的思想观念和他对接的一些资源是很重要的。不要随便就去建这样的机构。 16(192—193)我们主要是跟一家 IT 企业合作，像我们的系统都需要它来维护。这家公司主要是朋友关系，要不然我们也养不起。	管理者私人资源推动医养结合合作	

续表

原始资料语句	概念化	范畴
24(151—152)在某种程度上,我觉得政策也得支持。 19(115—118)现在最大的问题是:××市有一些慢性病的管理措施,治疗慢性病的费用是可以用医疗去报销的。老年人如果不方便去医院的话,我们可以直接跟三甲医院那边去对接。	需要政策支持	资源依赖程度
24(120—121)可能这个机构和社区已经绑定了,有问题了就可以去找社区。 15(035—036)因为社区重视了,来这里的老年人才会多。社区不重视,很多老人就是拒绝的。	需要社区宣传	
02041 我们与医院的合作走的是绿色通道,是我们先找的医院,因为我们这个是民办的,所以好多事情都是我们去找它们沟通,需要给它们提供一些资源。 11018 小病可以在养老机构治疗,大病还是得去医院。因为机构不可能把医院的 CT 等设备全部搬过来。	需要医院资源	
19(082—083)A:其实社会上有很多这样子的组织,这叫作资源嫁接。Q:它们有哪些资源?A:其实挺多的,品牌资源、客流资源,还有一些技术力量的资源都会来加入。 21(102—103)Q:社会组织主要给我们提供了什么样的帮助?A:社会组织会帮我们链接比较多的资源。	需要社会组织资源	
06022 单纯的养老靠企业来做呢,真不现实。 13026 如果没有社区、没有政府的支持,他们(老年人及其家属)就觉得你是个骗子。 22(108—109)另外就是需要政府的扶持,还可能需要组织,因为毕竟政府这一块的资源是有限的。同时,还需要社会上有资源的个人共同来参与这个事,因为谁都会要老的。	单个主体资源有限,需多方合作推进医养结合	资源依赖程度

续表

原始资料语句	概念化	范畴
01(062—063)目标就是把养老这块做大、做强，因为现在中国的养老是初步阶段，而且也没有一个具体的统一的标准，所以就是做大、做强、做好、做规范。 07(073—074)满足老年人的需求，算是咱们的一个共同目标吧。 09(137—138)共同目标就是对于辖区的这些独居、孤寡老年人，使他们都能够来我们这里得到良好的医养服务。因为你想，老年人如果有子女照管，基本上也不会被送到我们这边。 16(026)我们都是想为老年人提供更好的服务而进行合作。	合作方存在相同的目标	目标共识
03113 其实对于合作，我觉得大家都是有共鸣的，对大家也都有一定的好处。	合作方存在共鸣	

附录 B

医养结合服务协同治理绩效半结构化访谈提纲

尊敬的女士/先生：

您好！我们是西安交通大学公共政策与管理学院社会保障研究课题组，依据“医养结合养老服务协同治理”研究计划，我们期望了解您对医养结合合作及其协同治理绩效的见解与看法。我们将严格保密访谈内容，并承诺只在研究范围内做统计和分析使用。请如实作答，感谢您的积极参与和支持！

第一部分　基本信息

序号	问题	选项
1	您贵姓：	______
2	您的年龄：	______周岁
3	您的性别：	(1)男　(2)女
4	您的文化程度：	(1)小学及以下　(2)初中　(3)高中/中专　(4)大专　(5)本科及以上
5	您的政治面貌：	(1)中共党员　(2)民主党派　(3)群众
6	您的职位：	(1)高层管理者　(2)中层管理者
7	工作年限：	(1)2 年及以下　(2)3～5 年　(3)5 年及以上
8	机构性质：	(1)公办　(2)民营　(3)公办民营　(4)公建民营　(5)外资　(6)合资
9	成立时间：	______
10	注册资金、床位数、员工人数	______万元；______张床位；员工：______人
11	是否盈利	(1)是　(2)否
12	贵单位与其他组织合作提供医养服务的时间	(1)1 年以下　(2)1 年　(3)2 年　(4)3 年　(5)4 年及以上

续表

序号	问题	选项
13	合作是否有签署正式协议？	(1)是　(2)否
14	调查对象形式	(1)社区居家养老＋社区卫生服务中心 (2)居家养老＋上门看病 (3)机构养老＋内设医疗 (4)机构养老＋绿色通道
15	您是否曾经参与或正在参与本组织与其他组织合作提供养老服务的项目	(1)是　(2)否
16	调查对象类型	(1)医养结合机构　(2)医养结合服务中心

第二部分　访谈提纲

(1)请简单介绍一下您所参与的医养结合服务协同治理项目。

(2)请简单介绍一下您在工作单位的主要工作。

(3)请简单介绍一下您个人的相关背景，包括教育背景、工作背景、职位背景等。

(4)您加入医养结合服务协同治理的原因是什么？

(5)您认为医养结合服务协同治理所要实现的结果是什么？

(6)加入医养结合服务协同治理后，您与合作伙伴取得了哪些收益？

(7)除了上述结果，请补充医养结合服务协同治理的效果。

(8)您如何理解和评价医养结合服务协同治理效果？

附录C

医养结合服务协同治理概况调查问卷

尊敬的女士/先生：

您好！我们是西安交通大学公共政策与管理学院社会保障研究课题组，依据“医养结合养老服务协同治理”研究计划，我们期望了解您对推进医养结合的见解与看法。问卷匿名填写，我们将严格保密，并承诺只在研究范围内作统计和分析使用。请如实作答，感谢您的积极参与和支持！

第一部分　基本信息

序号	问题	选项
1	您的年龄：	______周岁
2	您的性别：	(1)男　(2)女
3	您的文化程度：	(1)小学及以下　(2)初中　(3)高中/中专　(4)大专 (5)本科及以上
4	您的政治面貌：	(1)中共党员　(2)民主党派　(3)群众
5	您的职位：	(1)高层管理者　(2)中层管理者
6	工作年限：	(1)2 年及以下　(2)3～5 年　(3)5 年及以上
7	机构性质：	(1)公办　(2)民营　(3)公办民营 (4)公建民营　(5)外资　(6)合资
8	成立时间：	
9	注册资金、床位数、员工人数	______万元；______张床位；员工：______人
10	是否盈利	(1)是　(2)否
11	贵单位与其他组织合作提供医养结合服务的时间	(1)1 年以下　(2)1 年　(3)2 年　(4)3 年 (5)4 年及以上
12	合作是否有签署正式协议？	(1)是　(2)否

续表

序号	问题	选项
13	调查对象形式	(1)社区居家养老＋社区卫生服务中心 (2)居家养老＋上门看病 (3)机构养老＋内设医疗 (4)机构养老＋绿色通道
14	您是否曾经参与或正在参与本组织与其他组织合作提供养老服务的项目	(1)是 (2)否
15	调查对象类型	(1)医养结合机构 (2)医养结合服务中心
16	本组织的合作伙伴有()个。	(1)1个 (2)2个 (3)3个 (4)4个 (5)4个及以上
17	本机构的入住率水平	(1)0≤入住率＜20%(2)20%≤入住率＜40% (3)40%≤入住率＜60%(4)60%≤入住率＜80% (5)80%≤入住率≤100%
18	本机构的投诉率水平	(1)0≤投诉率＜20%(2)20%≤投诉率＜40% (3)40%≤投诉率＜60%(4)60%≤投诉率＜80% (5)80%≤投诉率≤100%
19	本机构的服务质量	(1)非常差 (2)差 (3)一般 (4)好 (5)非常好
20	本机构养老服务智能技术水平如何?	(1)非常低 (2)低 (3)一般 (4)高 (5)非常高
21	本机构人力资源管理水平	(1)非常低 (2)低 (3)一般 (4)高 (5)非常高
22	本机构业务扩展水平	(1)非常低 (2)低 (3)一般 (4)高 (5)非常高
23	本机构服务流程水平	(1)非常低 (2)低 (3)一般 (4)高 (5)非常高
24	本机构服务内容创新水平	(1)非常低 (2)低 (3)一般 (4)高 (5)非常高
25	您认为本机构的发展潜力	(1)非常小 (2)小 (3)一般 (4)大 (5)非常大
26	医养结合服务实践发展水平	(1)非常低 (2)低 (3)一般 (4)高 (5)非常高
27	医养结合服务协同治理策略是有效的	(1)非常不赞同 (2)不赞同 (3)一般 (4)赞同 (5)非常赞同
28	医养结合服务应该有多元主体协同参与,而不仅仅由政府部分负责。这种策略是合理的	(1)非常不赞同 (2)不赞同 (3)一般 (4)赞同 (5)非常赞同

第二部分　医养结合养老服务发展情况

题项中 1—5 分值分别表示从“非常不赞同”到“非常赞同”依次递增	
题项	非常不赞同——非常赞同
1.本组织与合作伙伴联系紧密	1　2　3　4　5
2.本组织的合作伙伴成员稳定	1　2　3　4　5
3.本机构与合作伙伴签订的合同中详细规定了责任分配内容	1　2　3　4　5
4.本机构与合作伙伴签订的合同中详细规定了监督控制内容	1　2　3　4　5
5.本机构与合作伙伴签订的合同中详细规定了利益分配内容	1　2　3　4　5
6.本机构的管理者经常邀请合作伙伴共同参加休闲活动(例如户外运动、非正式的饭局等)	1　2　3　4　5
7.在做重要决定时,我们会考虑合作伙伴的感受	1　2　3　4　5
8.我们尽一切努力与其他合作者保持良好的私人关系	1　2　3　4　5
9.我们会做一些有利于合作伙伴的事项,即使没有额外收益	1　2　3　4　5
10.在合作项目以外,我们会把本组织的资源介绍给合作伙伴	1　2　3　4　5
11.当合作伙伴遇到其他困难(合作项目以外的困难)时,我们会给予帮助	1　2　3　4　5
12.在正式沟通规定的内容以外,我们也会将可能影响合作伙伴的信息告知对方	1　2　3　4　5
13.我们相信合作伙伴有能力完成合作任务	1　2　3　4　5
14.我们相信合作伙伴会考虑多方利益,而不仅仅是自身利益	1　2　3　4　5
15.我们相信合作伙伴的目标与合作目标是一致的	1　2　3　4　5
16.我们对医养结合服务合作关系满意	1　2　3　4　5
17.合作伙伴能够遵守承诺	1　2　3　4　5
18.合作伙伴努力实现合作目标	1　2　3　4　5
19.本机构与合作伙伴共同参与合作计划	1　2　3　4　5
20.本机构与合作伙伴共同解决合作中遇到的困难	1　2　3　4　5
21.合作伙伴与本机构会进行资源交换	1　2　3　4　5
22.在合作项目推进中遇到困难时,我们能够容易获取合作伙伴的支持	1　2　3　4　5